ANTON ROTZETTER

LIEBE, DIE UNS TRÄGT

ANTON ROTZETTER

LIEBE, DIE UNS TRÄGT

Täglich ein Text

MATTHIAS-GRÜNEWALD-VERLAG

verlags gruppe engagement Der Matthias-Grünewald-Verlag
ist Mitglied
der Verlagsgruppe engagement

www.gruenewaldverlag.de

Umschlaggestaltung: Finken & Bumiller, Stuttgart
Gesamtherstellung: Matthias-Grünewald-Verlag, Ostfildern
ISBN 978-3-7867-2657-9

INHALT

VORWORT

Liebe, die uns trägt – was ist das doch für ein schöner Titel, den der Verlag für dieses Jahreslesebuch ausgesucht hat! Ich bin ihm dafür dankbar. Und auch der Lektorin, Frau Andrea Langenbacher, die meine Texte ausgesucht und zusammengestellt hat: neue und bereits veröffentlichte Texte, Ausschnitte aus Predigten, biblische Meditationen und Gebete.

Liebe, die uns trägt – ein Motto, das unmittelbar dem biblischen Gottesbild erwächst.
Dreifaltige Liebe, die uns trägt! Bedingungslose und voraussetzungslose Liebe Gottes:

Gott ist Liebe – und sonst nichts! Nicht ein Individuum, das sich selbst als Mitte etabliert und Zuwendung fordert, nicht ein Potentat, der Unterordnung und Unterwerfung verlangt, vor allem nicht ein großer Kapitalist, nicht ein Eigentümer, der über seinen Besitz wacht und schaut, wie er ihn vermehren könnte. Ein Gott, dessen Wesen Armut ist.

Gott ist nichts anderes als sich hingebende Liebe, Sein, das sich gibt, sich schenkt, sich verausgabt, sich verströmt, »être oblatif«, sich hingebendes und hingegebenes Sein (Maurice Zundel).

Gott ist bleibende Gegenwart dieser entäußerten, hingegebenen Liebe, verletzlich, verwundbar, ohnmächtig, lauter Hingegebenheit, die erotisch und ästhetisch fasziniert, zur Nachahmung und Nachfolge animiert und immer wieder zum Fest und zur Feier zusammenführt; Liebe, die in Krippe, Kreuz und Eucharistie gegeben ist, in der historischen Gestalt Jesu greifbar bleibt, aber sich selbst bis heute aktualisiert, verheutigt, vergegenwärtigt, sich für menschliche Empfänglichkeit bereithält.

Gott ist Gemeinschaft stiftende, kommunikative Liebe, die durch die Hingabe Jesu entfesselt ist und in jedes Herz einzieht, die alle bewohnen will und alle miteinander verbindet, die einen neuen Bund begründet, eine neue Verbundenheit unter den Menschen und zwischen allen Geschöpfen, und die schließlich zur Allversöhnung führen wird.

Von einem solchen Gott geht eine Dynamik aus, die jenseits aller Gesetzlichkeit und Unterwürfigkeit steht, die Dynamik der freien, spontanen, bedingungslosen Antwort der Liebe: die Liebe dessen, der uns so sehr liebt, ist so sehr wieder zu lieben (Franz von Assisi).
Die Liebe ist nicht ein Müssen des Gesetzes, sondern ein Müssen des Herzens, ein sich von selbst verstehendes Müssen.

Liebe, die uns trägt!

Anton Rotzetter
Altdorf, im Januar 2007

JANUAR

1 Am Anfang war das Wort.
Noch vor aller Schöpfung,
noch vor dem Beginn,
noch bevor etwas angefangen hat,
ist das Wort:
der Wille Gottes, sich zu zeigen,
sich zu offenbaren,
sich selbst mitzuteilen
und aller Welt.
Nach Joh 1,1

2 Gott
Wort der Worte
Sinn der Sinne
Lass uns
aufeinander hören
einander verstehen
aufeinander zugehen
und so dir immer näher kommen

3 Wie halten wir es mit dem Hören, mit der grundsätzlichen Offenheit für das Wort Gottes? Wie steht es mit

unserem Menschsein überhaupt? Denn wenn der Mensch, wie Karl Rahner einmal gesagt hat, »Hörer des Wortes« ist, dann ist die Menschlichkeit des Menschen nicht im Essen und Trinken zu suchen, nicht im Kaufen und Verkaufen, nicht im Gehen und Drängen, nicht im Schaffen und Wirken, sondern im geduldigen Zuhören, im hellhörigen Dasein. Nur wer wirklich hört, ganz und gar zuhört, nur der ist wirklich Mensch. Alles andere ist zweitrangig, alles andere kann zeitweise vergessen werden.

4 Im Wort ist Leben,
und das Leben
ist das Licht der Menschen.
Gott ist offenbar,
nicht in sich verschlossen.
Sein Wort hebt ins Licht
und stößt nicht ins Dunkle.
Es ist Gnade, Huld, Zuwendung, Liebe, Leben –
sonst nichts!
Und so wird lebendig und hell,
wer sich öffnet und lauscht und hinhört.
Nach Joh 1,4

5 Zwei Geschichten aus der Bibel (2 Kön 4,42–44 und Joh 6,1–15) sprechen in ähnlicher Weise vom hörenden Dasein vor Gott. Es geht ihnen zunächst und vor allem um die Sensibilität für Gottes Geheimnis in unserem Leben. Man könnte es mit einem Wort aus dem Neuen Testament umschreiben: »Der Mensch lebt nicht vom Brot allein, sondern von jedem Wort, das aus dem Munde Gottes kommt« (Mt 4,4). Oder: »Euch muss es zuerst um das Reich Gottes gehen; alles andere wird euch dazugegeben werden« (Mt 6,33). Und dies erfahren die Prophetenschüler Elischas und die Jünger Jesu: Weil

sie selbstvergessen auf das Wort Gottes, auf den Willen Gottes ausgespannt sind, fällt ihnen nun alles andere zu: Brot in Hülle und Fülle.

6 Das wahre Licht,
das jeden Menschen erleuchtet,
Jesus Christus,
kam in die Welt.
Er war in der Welt,
und die Welt ist durch ihn geworden.
In Jesus verdichtet und konzentriert sich,
was jeder Stein kündet,
jede Blume singt,
jedes Tier ruft,
jeder Mensch offenbart,
das ganze All erglänzen lässt:
Wort, durch das alles erschaffen ist.
Nach Joh 1,9f

7 Und das Wort ist Fleisch geworden
und hat unter uns gewohnt.
Darum ist die Welt
das Haus des Wortes,
der Leib seine Wohnung,
der Mensch sein Tempel.
Und wir –
wir sind Hörer,
Wirte,
Mitbewohner des Wortes.
Nach Joh 1,14

8 Ist es denn wirklich so? Läuft alles besser in unserem Leben, wenn wir nur gut und tüchtig meditieren? Fällt uns

alles zu, wenn wir nur aufmerksam in der Heiligen Schrift lesen, die Predigt hören, beten? Die Frage lässt sich nach beiden Seiten hin beantworten: Ja, gewiss, wir haben nur noch nicht genug selbstlos zugehört; aber auch: nein, selbstverständlich nicht! Aber welche Antwort ist richtig? Ich weiß es nicht. Ich kann nur darauf hinweisen, dass sich die Geschichten von Elischa und Jesus im Lauf der Geschichte bis in unsere Tage hinein wiederholen: Wo Menschen ganz und gar mit Gott verbunden sind, da vermehrt sich das Brot unter ihren Händen. Von der heiligen Klara wird eine solche Geschichte erzählt, ebenso wie vom heiligen Don Bosco, und von vielen anderen.

9 Worauf es aber ankommt: Gott will, dass das Brot sich mehrt und alle zu essen haben, wirklich alle auf der ganzen Welt! So sind wir von Gott aufgerufen zu teilen: Gebt Ihr ihnen zu essen! Und wenn wir diesen Ruf nur wirklich hören, könnten wir vielleicht sogar Wunder wirken! Wo wir wirklich auf Gott hören, da vermehrt sich das Brot unter unseren Händen.

10 Gebt ihr ihnen zu essen!,
sagt Jesus,
ich habe kein eigenes Brot,
ich habe nur das Brot,
das ihr in den Händen habt.
Und ich habe auch
keine anderen Hände
als die euren.
Gebt also, was ihr habt.
Teilt euer Brot,
es wird sich mehren
im Teilen.
Nach Mk 6,37

11 Jesus, das menschgewordene Wort Gottes!
In ihm ist alles gesagt,
was Gott sagen kann.
Mehr gibt es nicht zu sagen:
Gott ist Liebe, Leben, Licht,
nichts anderes,
nichts weniger!
Aus seiner Fülle
haben wir alle empfangen
Gnade über Gnade.
Nach Joh 1,16

12 Gott legt in alles
seine Ewigkeit:
in Stein und Sein,
in Not und Tod,
in Handeln und Wandeln.
Was Gott tut,
geschieht in Ewigkeit.
Nach Koh 3,11–14

13 Niemand hat Gott je gesehen:
Er übersteigt alle Bilder,
alle Vorstellungen,
alle Begriffe.
Doch nun ist es anders:
Der am Herzen des Vaters ruht,
Jesus von Nazaret,
bringt uns
die Kunde von Gott,
ist
Ur-Kunde Gottes!
Nach Joh 1,18

14 Das Wort
dem ich trauen kann
wo ist es
unter den vielen Worten, die täuschen?

Das Du
auf das ich bauen kann
wo ist es
unter den vielen Menschen, die lügen?

Das »Komm!«
das lockt
wo ist es
unter den vielen Rufen, die nicht ernst gemeint sind?

Sag mir
Gott
wo Du bist

Sag
dass Du da bist

Sag »Komm!«

Und halte mich fest
wenn ich sinke

15 Als tiefes Schweigen
das All umfing
und die Nacht
bis zur Mitte gelangt war,
da sprang
dein allmächtiges Wort vom Himmel.

Nichts soll stumm bleiben,
die Finsternis soll nicht siegen:
Alles soll reden,
alles leuchten.
Nach Weish 18,14

16 Wer weiß, wozu er da ist, ist irgendwann erschüttert worden! Ohne Erschütterung keine Sendung, scheint es. Es gibt dafür viele Beispiele – aus der Bibel und aus der heutigen Zeit.
Während eines Gottesdienstes, im Tempel, durch Gesänge und Riten wird Jesaja (Jes 6) erschüttert: Das »mysterium tremendum et fascinosum«, das letzte Geheimnis, das erzittern lässt und in seinen Bann schlägt, überfällt ihn. Und Jesaja sagt: Hier bin ich, sende mich! Von nun an weiß er, wer er ist und was er zu tun hat.
Auf einem Weg, mitten im gewaltsamen Ausschreiten gegen die, die er für Feinde Gottes hält, durchzuckt Paulus der göttliche Blitz. Er stürzt geblendet vom hohen Ross, wird ganz und gar durcheinandergeschüttelt. Paulus wird fortan der Apostel der Völker: Er weiß sich gesandt, das Leben an die Grenzen der Welt zu tragen und das zu verkünden, was den Tod überwindet.
Nach Misserfolg und vergeblichem Mühen, bei erneutem und zweifelhaftem Tun wird Petrus (Lk 5) überrascht und überwältigt. Von nun an wird er Menschen aus den dunklen Tiefen und den finsteren Abgründen befreien und dem wirklichen Leben zuführen.
Bei einem Spaziergang sieht eine Frau von heute ein schreckliches Bild: ein toter kleiner Vogel mitten auf der Straße, die Vogelmutter fliegt herbei und versucht, dem Toten Nahrung in den offenen Schnabel zu schieben, und hält dann, als sie feststellen muss, dass sich der Schnabel nicht schließt, traurig

Wache. Die Frau ist erschüttert, sie weiß um das Elend der Welt – und weiß sich gesandt, das Elend der Tiere und Menschen unermüdlich und mit der Leidenschaft der Lebendiggewordenen zur Geltung zu bringen.

17 Es dürfte beim Erzählen solcher Geschichten deutlich werden, was das Wesen der Erschütterung ausmacht: Da wird plötzlich, ohne Voranmeldung, die ganze objektive Wirklichkeit auf den Punkt gebracht, sozusagen zusammengedrängt, verdichtet, überschaubar, beglückend vielleicht, oft auch beelendend. Alles stürmt auf einen einzelnen Menschen zu, als wäre er der einzige, der existiert und gemeint ist; alles nimmt ihn in Anspruch, ein Ausweichen gibt es nicht: Er muss etwas tun, sie hat eine ganz bestimmte Rolle zu spielen, wir sind gesandt.

18 Selbst Freunden bleibt solche Erschütterung unverständlich. Sie können nur den Kopf schütteln und lachen: Eine Vogelmutter, die traurig bei einem toten Vogel steht – gibt es nicht anderes, worüber man erschüttert sein müsste? Wie kann der unerwartete Erfolg bei der Arbeit gerade dazu führen, dass man sich etwas völlig anderem zuwendet? Wie kann ein so selbstbewusstes Wesen wie Paulus von inneren Blitzen getroffen werden? Wie kann ein feierliches »Großer Gott, wir loben dich« so etwas wie einen Schüttelfrost auslösen?
Wer so fragt, versteht wirklich nichts. In all diesen Vorgängen geschieht eben mehr, als der Fragende ahnt. Da fällt die ganze Welt auf einen Punkt zusammen, da wird etwas zum Symbol für das Ganze, zum Fenster, durch das alles vor Augen tritt; das Ganze verdichtet sich im Fragment, Gott selbst verwebt sich, wenn man so will, mit allem, was ist, und nimmt in Anspruch, sendet, weist einem eine bestimmte Rolle zu.

19 In aller Frühe,
wie es noch dunkel ist,
steht er auf
und geht
an einen einsamen Ort,
um zu beten.
Denn nur
wer sich dem Leben öffnet,
kann lebendig machen.
Nach Mk 1,3

20 Eine Erschütterung sucht man nicht, sie ereignet sich. Sie gehört zum Ungeplanten und Unvorhergesehenen. Sie ist ein plötzlicher und überraschender Einbruch des Göttlichen, des Schrecklichen, des Anspruchs. Erschütterung setzt nicht einmal eine besondere Fähigkeit voraus, obwohl ihr natürlich derjenige, der sensibel ist, und diejenige, die der Wirklichkeit empfangend gegenübersteht, näher stehen. Darum wird der offene, der schauende Mensch immer wieder durch dies oder das erschüttert werden können.

21 Erschütterungen sind selten geworden. Gleichgültigkeit und Apathie beherrschen die Welt, vielleicht gibt es sogar Kräfte in unserer Welt, die uns von den notwendigen Erschütterungen fernhalten wollen, indem sie uns in eine Scheinwelt der unbegrenzten Erlebnisse führen: »Machen Sie ihre Reise zum Erlebnis, kommen Sie in den Speisewagen!«, »Immer wieder nachgeahmt, aber nie erreicht!« – Große Worte für nichts! Aggression und Gewalt werden als Vergnügen und Unterhaltung verkauft – das, was erschüttern sollte, wird zum Genuss verkehrt! Wer sich in einer solchen Welt bewegt, wird darum auch nicht mehr wissen, wer er ist und wozu er da ist.

Ach, wenn doch die Bretter vor unseren Köpfen Türen wären, dann könnte man sie öffnen! Auf jeden Fall: Wer Ohren hat, der höre; wer Augen hat, der sehe! Die Welt verdichtet sich in jedem Augenblick, sie greift nach mir, es gibt etwas zu tun, wir sind gesandt!

22 Steh auf,
nimm deine Tragbahre,
und geh umher!
Entdecke die göttliche Kraft
in dir
und steh auf eigenen Füßen!
Spür die Seele in dir,
die Kraft, die dich belebt!
Nach Mk 2,9

23 Zündest du ein Licht an
und stülpst dann
ein Gefäß darüber?
Oder
stellst du das Licht
unter das Bett?
Du stellst es doch auf den Leuchter,
damit es hell wird
und du etwas siehst!
Nach Mk 4,21

24 Der Glaubende ist ein Wesen, das sich geöffnet hat für die unendlichen Möglichkeiten Gottes, für die unbändigen Energien, die von Gott auf den Menschen übergreifen möchten. Der Glaubende ist ein Gottstämmiger, ein aus Gott Gezeugter, ein von Gott Geborener, ein Sohn, eine Tochter Gottes. Und wenn es stimmt, dass Gott derjenige ist,

für den nichts unmöglich ist, dann werden auch hier auf Erden die Grenzen verschoben: wir können mehr, als wir meinen!

25 Jesus fühlt
das Leben,
spürt die Kraft,
die von ihm ausgeht,
und fragt uns,
ob wir ein Gefühl haben
für das Leben
und ein Gespür
für die Kraft, die Leben schafft.
Nach Mk 5,30

26 Der Glaubende steht nicht allein, er steht in einer großen Kette von Gottstämmigen, Gottgezeugten, aus Gott Geborenen – und so entstehen Bande der Liebe, familiäre Beziehungen, göttliche und menschliche Synergien, ein tragendes Netz: Wer sich für Gott geöffnet hat, hat sich für alle geöffnet, welche Söhne und Töchter Gottes sind, und so bewegen sich die Glaubenden in einem ständigen Kreislauf der Liebe, sie sind kommunizierende Röhren, in denen die lebendigen Wasser des Lebens fließen.
Je größer und konkreter die Liebe zu den Menschen, umso tiefer und radikaler die Liebe zu Gott. Da gibt es keine Konkurrenz in der Liebe, kein entweder Gott oder die Menschen, da gibt es nur eine einzige Dynamik der Liebe, einen einzigen Sog der Rettung. Je intensiver die Liebe zu Gott, umso intensiver die Liebe zu den Menschen, vor allem zu denen, die im gemeinsamen Glauben verbunden sind. Und je intensiver die Liebe zu den Menschen, umso tiefer ist auch die Liebe zu Gott.

27 Gott
Schöpfer des Himmels und der Erde
Gib uns ein Herz für alles, was ist
für Mann und Frau
für Kind und Greis
für Mensch und Tier
für alles, was keimt
und auch für Stein und Asche

28 Gott sprach:
Lasst uns den Menschen machen,
ein Bild von uns,
ein göttliches Gleichnis,
unsere heilige Ikone auf Erden.
Der Mensch
falle nieder
vor dem Menschen
und bete an!
Nach Gen 1,26

29 Wir machen aber auch die Erfahrung, dass dieser Kreislauf der Liebe gestört ist, dass die Kirche sich konfessionell gespalten hat, dass es eine unübersehbar große Zahl von Religionen, Konfessionen, Sekten, Gruppierungen gibt, die die gegensätzlichsten Dinge behaupten, dass die Einheit der Liebe durch die Wahrheitsfrage verunmöglicht ist. Die geballte Kraft, die an sich möglich ist, zerfällt durch eigenes Verschulden. Können wir diesbezüglich nicht auch ein Lied singen?
Der Verfasser des Johannesbriefes verweist darum auf Jesus von Nazaret, wie er leibte und lebte. Er tut es in einer etwas gewundenen Sprache, in einer Begrifflichkeit, die nur noch die Spezialisten verstehen: Die Logik der Rettung kann nur dann

spielen, wenn sich unser Glaube rückbindet an Jesus von Nazaret, der »im Wasser und Blut« gekommen ist, nicht nur »im Wasser allein«, sondern auch »im Blut«, nicht nur in der Taufe am Jordan, sondern auch im Kreuz.

30 Jesus
hat Mitleid:
Er trägt das Leiden,
fühlt sich ein
in den Schmerz.
Er streckt die Hand aus
nach uns,
berührt uns,
sagt uns sein liebstes Wort.
Und wir werden lebendig
unter seiner Hand.
Nach Mk 1,41

31 Der Verfasser des Johannesbriefs weist eine Meinung zurück, die allzu fromm von Jesus denkt: In Jesus hätte Gott nur die Crème des Menschseins angenommen, nur ein wenig am Leben der Menschen genippt. Er hätte sich von Johannes taufen lassen, gewiss, ist in das Wasser eingetaucht, in dem wir alle schwimmen, aber eben nur, was die Lichtseiten des Lebens betrifft; das Leiden, der Tod, der Schmerz, die Not, Gewalt und Terror – das alles hätte Gott nicht angenommen, damit wäre er nicht in Berührung gekommen. Nein, ruft der Verfasser des Textes, nein, in Jesus ist Gott auch »im Blut« gekommen, er ist eingegangen auch in die dunkle Seite des Menschseins: Er hat sich freiwillig hineinbegeben in die Not des Menschen, wurde dabei ermordet, hat sein Blut ausgegossen in der letzten Hingabe, zu der er fähig war, ist völlig solidarisch geworden mit uns: Indem

er sich selbst verausgabte, blieb Gott Gott. Bis in die tiefsten Tiefen des Menschseins, sogar in den schändlichsten Tod, ist Gott eingegangen. Und nur so lebt Gott wirklich, ganz und total im Glauben des Glaubenden, nur so kann die Logik der Rettung ans Ziel kommen. Nur so wird der Glaubende über alle Bedrohungen der Welt den Sieg davontragen. Denn: Dies ist der Sieg, der die Welt besiegt hat: unser Glaube!

FEBRUAR

1 Gott
Die Nacht wird zum Tag
wenn du da bist
und der Tag zur Nacht
wenn du dich entziehst
Lass uns doch den Tag feiern
und hoffen in der Nacht

2 In den Lichtern
lichtet
das Licht,
in den Leuchten
leuchtet
das göttliche Licht.
Denn Gott ist Licht, in ihm.
Nach 1 Joh 1,5

3 Mein Leben lang muss ich den Sinn meines Lebens buchstabieren und von A bis Z die Worte reihen.
Arbeiten, bis alle Glieder an mir schwer werden, damit wir es doch endlich einmal gut haben, Du und ich und alle Menschen; damit das große Fest doch endlich wahr wird, das als Traum in

uns lebt; damit die Fesseln fallen, die uns binden an Tod und Not, an Neid und Streit.

4 *Bücher* lesen, die großen Bücher der Menschheit, mit meinen ganz persönlichen Fragen und mit dem Blick auf die Welt, damit die Erfahrungen der Geschichte fruchtbar werden für heute; damit wir nicht immer die gleichen Fehler wiederholen, Du und ich und alle Menschen.

5 *Christ* sein und mit jenem Menschen leben, der den Tod hinter sich gelassen hat und jetzt lebt in den Liedern der Kirche und in den Schreien der Armen, im Teilen von Brot und Wein, im offenen Herzen und in den Augen der Kleinen, in Dir und mir und in allen Menschen; damit wir mit unseren Händen das Leben greifen und die neue Welt berühren.

6 *Dornen* annehmen, weil sie ein Geheimnis hüten, das ich nicht verletzen darf, weil sich hinter ihnen die Unschuld des Lebens verbirgt, mit dem ich behutsam umgehen soll; damit wir niederfallen und das Leben anbeten, ich und Du und alle Menschen; damit Offenbarung geschieht, immer wieder.

7 *Essen* und Trinken, mit anderen zusammensitzen und kosten und singen und singen und kosten; spüren, dass in jedem Kraut und in jeder Frucht das Leben ist, für mich und Dich und alle Menschen; damit das Leben aufbricht aus den Tiefen der Erde und aus den kleinsten Dingen.

8 *Freund* sein dem, der mein Freund sein will, und es bleiben, auch wenn er mich verlässt; das Brot mit ihm teilen, die Gedanken und Gefühle und alles, was lebt; damit ein ewiger Bund entsteht, fester Halt im Hin und Her der Welt, ein Boden, auf dem wir stehen können, ich und Du und alle Menschen.

9 *Gott* suchen im Zwitschern der Vögel und jenseits der Wolken, in den aufgedunsenen Bäuchen hungriger Kinder und im Schrei der Völker, in allem, was sich ereignet auf allen Kontinenten; glauben, dass sich in allem der Ruf an Moses wiederholt: Ich habe das Elend meines Volkes gesehen, geh und befrei es; damit die Welt in die Zukunft drängt, die mehr ist als eine geradlinige Fortentwicklung dessen, was wir jetzt sehen, ich und Du und alle Menschen.

10 *Herz* haben für die Armen und fühlen, denken, handeln als ihr Bruder; die Barmherzigkeit pflegen, eine Kultur des Herzens, in der die Liebe Macht und Herrschaft verdrängt und die Angst überwindet; das Herz sprechen lassen und seinem Drängen nachgeben; das Feuer entfachen, das alles verändert, mich und Dich und alle Menschen; damit die böse Macht der Mächtigen schwindet und die Leidenschaft für das Leben alles bestimmt.

11 *Innerlichkeit* suchen, nicht einfach als Selbstzweck, auch nicht, um eine eigene heile Welt zu finden, sondern gebunden an Not und Tod der Menschen; sich an Leiden und Schmerz ebenso bilden wie an Blumen und Bäumen; den Schrei der Armen zu eigen machen, die Gebete der Ausgestoßenen in den Mund nehmen; damit wir uns nicht absondern, sondern als Teil der Welt verstehen, ich und Du und alle Menschen.

12 *Jesu* Worte trinken wie Wein, seine Taten essen wie Brot und mich vollsaugen mit seinem Geheimnis; in ihm nicht das Ende sehen, sondern einen Auftrag, der mich betrifft, eine Kraft, die mich befreit zu eigenem Tun; damit die Welt aus ihrem Schlaf aufwacht und sich auf den

Weg macht ins verheißene Land und wir dabei sind, ich und Du und alle Menschen.

13 *Konflikte* nicht fliehen, sondern dabei sein, geduldig und mit aller Kraft; das Kreuz der Welt anschauen und aufnehmen; mich nicht betrügen mit einer »heilen Welt«, sondern mich in das Leiden der Schöpfung mischen; unter dem Kreuz bleiben, es erleiden und wandeln zum Leben; mich am Aufstand beteiligen, den Jesus gegen den Tod angezettelt hat; damit Ostern wird für mich und Dich und alle Menschen.

14 *Liebe* in allen Formen als Erscheinung Gottes schätzen und preisen; sie nicht vermiesen lassen durch eine falsche, heuchlerische Moral; lieben und lieben lassen, mich und Dich und alle Menschen; damit der Name Gottes geheiligt wird und die Liebe alles in allem ist.

15 *Mutter* sein auch als Mann: empfangen, tragen und gebären, hegen, pflegen und bergen; das Leben über alles schätzen, in mir und Dir und in allen Menschen, auch in allen Pflanzen und Tieren, ja selbst im Stein; damit der Tod ein Ende hat und alle Tränen abgewischt werden.

16 *Natur* stehen lassen; ihr ihr Geheimnis lassen als Voraussetzung für Kultur; nichts als Unkraut, Unding, Unmensch betrachten, sondern als Kraut, Ding und Mensch, von denen jeder und jedes sein Daseinsrecht hat; in allem, was ist, den Bruder sehen oder die Schwester – wie Franz von Assisi damals; damit das Seufzen der Kreatur ein Ende hat und die Freiheit der Kinder Gottes anbricht für mich und Dich und alle Menschen.

17 *Orte* schaffen, wo man leben kann, eine Atmosphäre, in der man zu Hause ist, Freiräume, in denen man sich bewegen darf, wie man will; die Wüste verdrängen, die Oasen ausdehnen, bis die ganze Welt bewohnbar ist und fruchtbar; damit die ganze Erde ein Land wird, in dem Milch und Honig fließen; damit das Lachen unseren Leib ergreift, meinen und Deinen und den aller Menschen.

18 *Palaver* suchen, Gespräche, nicht um recht zu behalten, sondern um Einigung zu erzielen; nichts überstürzen, nichts aufdrängen, reden wie in Afrika; eine andere Form des Umgangs ausprobieren und den anderen gelten lassen; damit jeder sich spüren kann, ich und Du und alle Menschen.

19 *Quellen* erschließen, aus denen wir leben können, Du und ich und alle Menschen: die Bibel, die Zeugnisse des Glaubens, Franz von Assisi; die Menschen fragen, wonach sie Durst haben, und mit ihrer Antwort die Quellen nochmals befragen und immer wieder; entdecken, wie sie zum Fluss werden, zum Strom, der alles bewässert und fruchtbar macht; damit wir entdecken, dass keine Frage vergeblich ist und keine Sehnsucht ins Leere fällt.

20 *Reich Gottes* realisieren: Wunden verbinden, Kranke heilen, Einsamen Nähe schenken, Lahmen auf die Beine helfen, Verkrampfte lösen, Tote lebendig machen, den Armen Hoffnung geben, auch mir und Dir und allen Menschen; damit wir wissen, was Leben ist und wer Gott ist.

21 *Sprechen* von dem, was wichtig ist und verbindet; mit der Sprache Brücken bauen, mit Worten Stütz-

punkte errichten in einer fließenden Welt; schweigen können, damit das Wort trägt und Sinn bekommt für mich und Dich und alle Menschen; damit wir uns verstehen und lieben können.

22 *Tote* nicht abschreiben, sondern ihr Bild bewahren für ewige Zeiten; sie einbeziehen in unsere Zukunft, weil sie Erben sind wie wir, wie ich und Du und alle Menschen; die Hoffnung auch für die Toten aufrechterhalten und bezeugen – in einer Welt, die sich nur für die gerade Lebenden einrichtet; damit nichts verloren geht und auch die Vergangenen einziehen in die Gegenwart des Lebens.

23 *Universale Gemeinschaft* als Ziel verfolgen und das Leben so ausrichten, dass alle Menschen und jede Kreatur von einem Tisch leben und das köstliche Brot und den feurigen Wein miteinander teilen; mich als Werkzeug verstehen für Frieden und Gerechtigkeit, für eine Welt, in der es keine Opfer mehr gibt und nur noch Beteiligte; damit alle leben, ich und Du und alle Menschen.

24 *Vertrauen*, dass der Kern des Menschen gesund ist und die Mitte der Welt geheilt und dass letztlich alles gesundet und heilt; mich einspannen lassen von der innersten Kraft der Geschichte, das Vertrauen fruchtbar machen in einem vollen Einsatz; damit Glaube, Hoffnung, Vertrauen nicht leere Worte bleiben, sondern erlebbar werden für mich und Dich und alle Menschen.

25 *Wunder* nicht ausschließen: alles ist möglich; mich einlassen auf die ungeahnten Möglichkeiten der Schöpfung, auf das Kleine und Große, auf mich und Dich und alle Menschen; glauben, dass wir mit Gottes Kraft das Ende

wenden in einen neuen Anfang und dass es ein Fest ohne Ende geben wird; damit wir jetzt schon alles tun, was möglich ist, und keine Zeit vergeuden.

26 *X-mal* verzeihen, um niemanden zu binden an vergangene Schuld; um die Geschichte zu unterbrechen und Anfänge zu ermöglichen; auch mir selbst vergeben, um ein anderer werden zu können; damit der Neue Bund wirklich neu ist für mich und Dich und alle Menschen.

27 *Yoga* und alle anderen religiösen Ausdrucksformen nicht unbedingt nachvollziehen oder anderen aufdrängen wollen, aber als Möglichkeiten und als geschichtliche Erfahrungen schätzen, als erprobte Wege der Gotteserfahrung; im Bewusstsein, dass es viele Wege gibt und nicht jeden für mich und Dich und alle Menschen; damit eine Ahnung aufkommt von der Freiheit, die Gott will.

28 *Zeichen* suchen und setzen für Menschlichkeit, Gottes Liebe, eine andere Welt; alles ist Sakrament, Symbol, Hinweis, nichts steht allein, alles bewegt sich in einem großen Zusammenhang; mein Auge schulen, um zu sehen, meine Hand öffnen, damit etwas entsteht; damit das Ganze im Teil aufleuchtet und wir nicht verzagen, ich und Du und alle Menschen.

MÄRZ

1 Gott
Vor dir stehen wir
Offen für dich und den kommenden Tag
Wir bitten dich
um Augen, die sehen
um Ohren, die hören
um ein Herz, das liebt

2 Von der Leidenschaft der Liebe Gottes spricht das Evangelium auf vielen Seiten. »Gottes Liebe zu uns ist Passion«, Leiden und Leidenschaft, hat Simone Weil einmal gesagt. Diese Leidenschaft Gottes, die dem Leiden des Menschen entgegenleidet, die die Macht des Todes von innen her untergräbt, diese Leidenschaft Gottes lebt in Jesus von Nazaret, so sehr, dass er sich identifiziert: Ich bin die Auferstehung und das Leben. Sie wird darum den Tod überwinden, die Toten lebendig machen. Mag nichts mehr im Menschen lebendig sein, mag er bereits völlig verwest sein und sich aufgelöst haben: Gottes Leidenschaft wird ihn einholen und ihm neues Leben geben.

3 Sei Feuer und Salz:
leidenschaftliche Liebe

zum Menschen,
zur Schöpfung,
entflammt und entzündet
von der Hoffnung,
die allen Tod überwindet,
eine weithin sichtbare Fackel
für das Leben.
Und sei
der gute Geschmack der Welt,
Kraft, Lust, Dynamik,
leckeres Gewürz für alle,
die das Leben schmecken
und spüren wollen.
Nach Mk 9,49f

4 »Wenn ich meine ganze Habe verschenkte, und wenn ich meinen Leib dem Feuer übergäbe, hätte aber die Liebe nicht, nützte es mir nichts« (1 Kor 13,3).
Wir mögen fasten, soviel wir nur können, beten, so intensiv und entrückt, dass eine Steigerung des Gebetes nicht mehr denkbar ist, uns Verzicht und Opfer auferlegen, dass wir ganz ausgemergelt daherkommen – wenn wir nicht ein Herz haben für die Not der Menschen und für den Schrei der Armen – es nützte uns nichts.

5 Wer sein Ohr verschließt
vor dem Schrei der Armen,
wird selbst nicht erhört,
wenn er um Hilfe ruft.
Darum neige dich helfend
über die Armen
und du wirst nicht ohne Hilfe bleiben.
Nach Spr 21,13

6 Gott
Quelle des Lebens
Wir bitten dich:
Ergreife
unsere Glieder mit deiner Kraft
unser Herz mit deiner Liebe
unseren Verstand mit deinem Heiligen Geist

7 Vielleicht kennen Sie die Geschichte von der frommen Frau in Rom: Es geschah einst, dass ein armer Gefangener zur Hinrichtung geführt wurde. Als man diesen Menschen vorführte, da sah ihn eine andächtige geistliche Frau. Diese hatte kein Herz für diesen armseligen Menschen. Sie urteilte hartherzig über ihn: »Es geschieht ihm recht«, statt dass sie sich seiner erbarmte, da er ja auch bloß ein Mensch war. Dies tat sie, wie gesagt, nicht, sie, die sonst ein hartes, strenges Leben führte, sodass ihr jeden Tag ein Engel ein Brot brachte. An dem Tag nun, an dem sie so hartherzig über den armen Gefangenen dachte, an diesem selben Tag brachte ihr der Engel kein Brot. Stattdessen brachte er die Nachricht, dass sie der Blitz treffen und dass sie bald sterben werde – wegen ihrer Hartherzigkeit.
Diese Geschichte braucht nicht viele Erklärungen. Das Entscheidende, das, worauf es wirklich ankommt, das, was in alle Ewigkeit bleibt – das ist die Liebe, die ich tue, das Herz, das ich öffne, die Barmherzigkeit, die ich zeige. Alles andere versinkt ins Nichts: die Gebete, die ich gesprochen, die Gottesdienste, die ich besucht, die Opfer, die ich gebracht habe – alles versinkt ins Nichts, wenn ich nicht ein Herz habe für die Not der Menschen und für den Schrei der Armen.

8 Die Geschichte der Ehebrecherin besagt das Gleiche. Sehen wir zu, wie alle die Szene verlassen und wie schließlich nur noch die schuldig gewordene Frau und Jesus zurück-

bleiben! Sie stehen sich von Angesicht zu Angesicht gegenüber, Auge in Auge. Es ist der Augenblick der Barmherzigkeit. Unüberbietbar ist die Formulierung, mit der der heilige Augustinus diesen Augenblick festhält: »Relicti sunt duo, misera et misericordia – Zurückgeblieben sind zwei, die Frau in ihrem Elend und das Herz, das sich für das Elend öffnet.« Was bleibt für Zeit und Ewigkeit, ist die Kultur des Herzens.

9 Vertraut nicht auf Gewalt,
sondern auf die Kraft der Seele!
Verlasst euch nicht auf Raub,
sondern auf die Neigung des Herzens!
Hofft nicht auf Gewinn und Zuwachs,
sondern auf Leben und Gemeinschaft!
Rechnet nicht mit nackten Zahlen,
sondern mit Güte und Liebe!
Nach Ps 62,11

10 Was von uns bleibt für Zeit und Ewigkeit, ist ein *Herz für die Kranken.* Die Zeit, die wir für die Begegnung mit Kranken aufwenden, ist nie verlorene Zeit. Sie ist vielmehr der Beginn der Ewigkeit, eben das, was bleibt. Wenn wir einem Kranken gegenüberstehen mit dem Blick der Liebe und mit offenem Herzen, dann bricht eine neue Welt auf – nicht nur für den Kranken, sondern auch für uns, eine Welt, die durch die Würde des Menschen und die Fülle des Lebens gekennzeichnet ist.

11 Was von uns bleibt für Zeit und Ewigkeit, ist ein *Herz für die Hungernden.* Nur das Brot, das wir ausgeteilt haben, bleibt. Nur unsere Bereitschaft zum Teilen zählt. Alles andere vergeht: der Erfolg, die Vergrößerung unseres Hauses, die Sicherheit in unserem Beruf – alles vergeht.

Wenn wir dagegen etwas von unserem Tisch abgeben, in dem Maße, wie wir mit den Menschen, die Hunger haben, teilen, wenn wir zu einer gerechten weltweiten Wirtschaftsordnung beitragen – dann ist das der Augenblick, an dem die Ewigkeit in die Zeit hereinbricht. Dann entsteht eine neue, ganz andere Welt, eine Welt, in der es nur noch Brüder und Schwestern gibt, die miteinander teilen.

12 Was von uns bleibt für Zeit und Ewigkeit, ist ein *Herz für die Obdachlosen, Fremden, Flüchtlinge, Asylanten.* Was zählt und was bleibt, ist die Tür, die wir öffnen, der Raum, den wir geben, die Gastfreundschaft, die wir pflegen. Wo so etwas geschieht, bricht der Himmel in diese Erdenzeit ein. Eine neue Welt entsteht, eine Welt der Gnade und des Herzens, eine Welt, in der die Menschlichkeit bei Landesgrenzen keinen Halt mehr macht.

13 Was von uns bleibt für Zeit und Ewigkeit, ist das *Herz für die Gefangenen* und zwar unabhängig davon, ob sie schuldig oder unschuldig sind. In der konkreten Begegnung mit Gefangenen, im Einsatz für Gefangene zeigt sich, ob wir vorchristlich, rein innerweltlich vom Gedanken der Sühne und der Strafe geprägt sind, oder eben durch die Kultur der Barmherzigkeit. Wo jemand ein Herz hat für die Gefangenen, die schuldig Gewordenen, die ungerecht Verfolgten – bricht das Reich Gottes an, eine andere Welt, in der die Gnade die Rache besiegt und die Liebe triumphiert.

14 Was von uns bleibt für Zeit und Ewigkeit, ist das *Herz für die Nackten,* für alle, die nichts haben, für alle, denen man alles geraubt hat, die nur noch ihre nackte Existenz haben, für alle, die man bloßstellt. Wenn wir einem Bloßgestellten unser Herz zuwenden, wenn wir jemandem

seine Würde zurückgeben, wenn wir uns an der Aktion gegen Folter und Unterdrückung beteiligen, dann bricht eine Welt auf, die bleibt, das Reich Gottes, wo alle in weißen Kleidern dastehen, miteinander verbunden in der Würde, die Gott uns gegeben hat.

15 Was von uns bleibt für Zeit und Ewigkeit, ist das *Herz für die Toten.* Ja, auch die Toten brauchen unser Herz. Wo wir uns für einen würdigen Umgang mit toten Menschen in unseren Spitälern und Laboratorien einsetzen, wo wir einen würdigen Trauergottesdienst feiern, wo wir ein Grabmal nicht dem Vergessen anheimfallen lassen, wo wir die Stimme eines Toten hören und sein Bild nicht verblassen lassen, da bricht eine neue Welt auf, eben das, was bleibt: eine Welt nicht nur für die Lebenden, sondern auch für die Toten.

16 Wir sind
dem Staub der Erde näher
als den Sternen,
der erloschenen Asche näher
als dem lodernden Feuer!
Doch Gott erhebt zu den Sternen
und wir leuchten.
Er entflammt
und wir brennen!
Nach Hiob 30,19

17 Ich atme auf,
Staub und Asche.
Atmen kann ich nur,
wenn ich die Wahrheit erkenne:
dass ich genommen bin
von der Erde

und empfangen habe
von Gott
göttlichen Atem.
Nach Hiob 42,6

18 Wir müssen Gott von Grund auf neu verstehen lernen. Die Fußwaschung, von der das Johannesevangelium berichtet, ist zunächst eine neue Auslegung des Geheimnisses Gottes. Gott ist kein Herrscher, kein Mächtiger, Gott ist nicht ein Großer dieser Welt. Er ist gar nicht bei den Königen und Kaisern, bei den Präsidenten und Vorstehern zu suchen, sondern bei den Sklaven, beim niederen Volk. Und das, weil Gott Liebe ist, vor allem Liebe, nichts als Liebe. Diese Liebe ist gleichbedeutend mit dem Verzicht auf Macht und Herrschaft und gleichbedeutend mit der Bereitschaft, für den Menschen alles zu tun und alles zu geben, die niedersten Dienste zu tun und das Leben im Einsatz zu lassen.

19 Wer das Geld liebt,
bekommt vom Geld nie genug.
Wer den Luxus liebt,
hat nie genug Einnahmen.
Doch dies alles
ist Hauch, der verweht,
Wind, der verfliegt,
alles ist Windhauch!
Allein das Geld, das du ausgibst
für die Armen,
ist gut angelegt.
Der Überfluss der Liebe,
ist der einzige Luxus,
um den zu mühen sich lohnt.
Nach Koh 5,9

20 Bei Johannes prägt Jesus den Gottesgedanken völlig neu. Von alters her ist Gott mit den Begriffen »Allmacht« und »Herrschaft« beschrieben worden. Hier aber wird deutlich, dass Gott in Wahrheit dort anzutreffen ist, wo man auf Macht und Herrschaft verzichtet und dabei offen wird für die anderen: Wo Güte ist und Liebe, da ist Gott. Nur wenn man das begreift und wenn man sich von diesem Geheimnis der Liebe Gottes die Füße waschen lässt und wenn man glaubt, dass Jesus in der Hingabe für die Menschen gestorben ist, hat man begriffen, wer Gott wirklich ist. Und dann hat man auch Anteil an Jesus, ist man wirklich getauft, ist man ein Christ.

21 Feuer und Hagel,
Schnee und Nebel,
Sturm und Lärm
sind wie der Dornbusch
in der Wüste:
heilige Orte! –
Wir ziehen die Schuhe aus
und hören die leise Stimme, die sagt
Ich bin der Da-ist!
Nach Ps 148,8

22 Wie das zur eigentlichen Mitte auch einer modernen Gotteserfahrung werden kann, zeigt Simone Weil. In der Fabrik, sagt sie, »ist mir für immer der Stempel der Sklaverei aufgeprägt worden, gleich jenem Schandmal, das die Römer den verachtetsten Sklaven mit glühendem Eisen in die Stirn brannten. Seither habe ich mich immer als einen Sklaven betrachtet. In dieser Gemütsverfassung und in einem körperlich elenden Zustand betrat ich eines Abends jenes kleine portugiesische Dorf, das ach! auch recht elend

war; allein, bei Vollmond, eben am Tag des Patronatsfestes. Es war am Ufer des Meeres. Die Frauen der Fischer zogen, mit Kerzen in den Händen, in einer Prozession um die Boote und sangen gewiss altüberlieferte Gesänge von einer herzzerreißenden Traurigkeit. Nichts kann davon eine rechte Vorstellung vermitteln. Niemals habe ich etwas so Ergreifendes gehört, außer dem Gesang der Wolgaschlepper. Dort hatte ich plötzlich die Gewissheit, dass das Christentum vorzüglich die Religion der Sklaven ist und dass die Sklaven nicht anders können als ihm anhängen, und ich unter den Übrigen.« Und den Satz aus dem Philipperbrief (2,6f), wonach sich Gott seiner Gottheit entleert hat, deutet sie so: »Sich der Welt entleeren. Sich überkleiden mit der Natur eines Sklaven, zurückschrumpfen auf den Punkt, den man in Raum und Zeit einnimmt. Auf nichts« (S. Weil, Zeugnis für das Gute).

23 Es gibt noch eine zweite Auslegung der Geschichte von der vollendeten Liebe Jesu. Johannes beschreibt sie im Gespräch, das der Fußwaschung folgt. Hier wird gesagt: Die Geschichte von der vollendeten Liebe Jesu muss auch zum Grundgesetz der Kirche werden, zum Grundgesetz jener Gemeinschaft, die sich christlich nennen will.

Anders gesagt: Die Geschichte ist nicht einfach dazu da, dass wir uns daran innerlich erbauen oder dass wir daraus einen Ritus machen und uns dabei beobachten lassen, nein: Das ganze Jahr über, im alltäglichen Leben, im gegenseitigen Verhalten der Christen untereinander soll eine Alternative des menschlichen Umgangs gelebt werden.

Franziskus hat es begriffen: Die Brüder sollen keine Macht ausüben und keine Herrschaft über die anderen haben, vor allem nicht unter ihnen selbst. Ein Beispiel hat uns Jesus hinterlassen, damit wir unser Zusammenleben nicht nach dem Modell der Welt organisieren, sondern nach dem Modell Gottes. Und jetzt müsste noch einmal alles gesagt werden: Gott ist bei den Sklaven zu finden, darum sei jeder Knecht des andern, jede Magd der anderen, jeder sei sensibel, hellhörig, dienstbereit, verfügbar. Und die notwendigen Funktionen dieser Kirche, dieser Gemeinschaft dürfen sich nicht anders denn als Dienst verstehen.

24 Wer der Erste sein will,
soll der Letzte von allen sein
und allen andern dienen.
Nicht dein Wunsch,
Karriere zu machen
und ganz oben zu sein,
bringt dir
die Fülle des Lebens,
sondern dein Streben,
verbunden zu bleiben
im Bund der Menschen,
und sei es
als letztes Glied in der Kette.
Nach Mk 9,36

25 Was heißt glauben? Beim Lesen der Bibelübersetzung des großen jüdischen Gelehrten Martin Buber ist mir aufgefallen, dass er dort, wo wir »glauben« sagen, »sicher werden an Gott« einsetzt.
Sicher werden an Gott! Glauben hat also etwas zu tun mit dem Sicherheitsbedürfnis des Menschen. Wir sind von Grund auf gefährdet, bedroht. Wir können das Leben verlieren, müssen sterben, und alles, was auf uns einstürmt, verlangt von uns, dass wir uns abschirmen, verteidigen, schützen. Doch, so will es die biblische Tradition, unser Sicherheitsbedürfnis wird letztlich nur von Gott befriedigt. Alles andere ist trügerisch,

kann fehlgehen. Das heißt nicht, dass wir nicht entsprechende Maßnahmen treffen sollen, sondern dass wir dieses relativieren, von Gott her noch einmal befragen sollen.

26 Wir können und sollen uns vernünftigerweise nicht auf die Vernunft allein stützen, weil sie nicht alle Faktoren überblickt, welche für unseren Schutz notwendig sind. Wir können und sollen uns vernünftigerweise nicht allein auf unsere eigenen Mittel stützen, auf Rosse und Wagen, auf Raketen und Flugzeuge, auf Geld und Geltung. Unsere Mittel können versagen, wir können sie falsch einschätzen und können die falschen wählen. Wir können und sollen uns vernünftigerweise auch nicht auf fremde Hilfe allein stützen, auf Bündnispartner und Allianzen, weil auch diese unter Umständen das gegebene Wort brechen. Gott allein ist unsere Burg, sagt der Psalmist. So singen wir mit Martin Luther. An Gott allein können wir wirklich Halt und letzte Sicherheit finden, sagt die Bibel. Nur eine solche Vernunft, die mit Gott rechnet, ist wirkliche Vernunft, nur eine solche Politik, die sich letztlich von Gott her versteht, ist wirkliche Politik.

27 Unbegreiflich ist
der Weg des Adlers am Himmel,
der Weg der Schlange über den Felsen,
der Weg des Schiffes auf hoher See,
der Weg des Mannes bei der jungen Frau.
Wer nur mit dem Verstand begreift,
begreift nichts.
Dein Auge ergötze sich,
deine Lippen sollen nippen,
deine Finger tasten
und dein Herz erwärme sich,

dann, ja dann
wird sich der Himmel auftun über dir.
Nach Spr 30,18

28 Die Bibel erzählt davon, dass König Ahas nur sich selbst und seiner eigenen Vernunft vertraut (Jes 7,10–14). Und ich denke, dass wir ihn sehr gut verstehen, weil wir auch so sind. Auch wir wollen unsere Sicherheit nicht aus der Hand geben. Wer ist schon dieser Gott?
Der Prophet Jesaja will Ahas eine Brücke bauen. »Verlang doch ein Zeichen, dass Gott Deine Sicherheit ist, ein Zeichen dafür, dass das Königtum Davids den Ansturm der Feinde übersteht!« Doch Ahas will kein Zeichen. von einem Gott, an den man nicht richtig glaubt, kann man vernünftigerweise auch kein Zeichen erwarten.
Doch Gott will sich zeigen, er will sich offenbaren, er will nicht nur Worte machen, sondern Geschichte. Er will der absolut vertrauenswürdige Partner in unserem Handeln sein! Darum soll die junge Frau des Königs Ahas einen Thronfolger bekommen, ein Kind, das das Weiterbestehen des Reiches anzeigt, ein Zeichen, dass Gott wirklich da ist, Immanuel, Gott mit uns! Ob der König Ahas das Zeichen zu lesen wusste? Es ist zu bezweifeln, nach allem, was wir von ihm wissen.
Zu lesen wussten dieses Zeichen allerdings die ersten Christen. Sie haben in Jesus von Nazaret, dem »Sohn der Jungfrau«, das Zeichen schlechthin gesehen, das untrügliche Zeichen, dass Gott auf unserer Seite ist, Mensch unter Menschen, unser Bruder, eben ein uns zugewandter und solidarischer Gott, Gott mit uns.

29 Die Erde
ist der Ort der Gnade,
ein Haus,

in dem Gott mit uns zu Tische sitzt:
Wir dürfen sein!
Die Engel
sind der Hauch seines Mundes
und wir sind beschützt!
Gott sammelt die Wasser,
die die Erde zerstören wollen.
Nach Ps 33,5–7

30 Worauf es ankommt, ist Jesus Christus. Sein Leben ist ein Zeichen, das gelesen und gedeutet werden muss: Darin zeigt sich von seiner Geburt bis zu seinem Tod und danach immer dann, wenn sich zwei oder drei in seinem Namen versammeln, ja sogar bis ans Ende der Welt, dass Gott mit uns ist und dass wir uns auf ihn verlassen dürfen! Also auch heute noch!

31 Ganze Völker harren auf Gerechtigkeit und Frieden
Alle Menschen sehnen sich nach Glück und Liebe
Gott
Send herab uns Deinen Sohn
Lass uns die Liebe erkennen, die alle umfasst
und das Glück, das jeden und jede umarmt
Lass uns in unserer Mitte
den Glanz Deines Sohnes sehen
und Gerechtigkeit und Frieden

APRIL

1 Wenn wir in einem christlichen Sinn religiös sein wollen, dann müssen wir wach werden für das Leiden: Dort, wo gelitten und gestorben wird, da ist Gott.
Darum tönt es aus der Wolke: »Dies ist mein auserwählter Sohn, auf ihn sollt ihr hören!« Jesus hat kurz vorher davon gesprochen, dass er leiden und sterben müsse. Und er wird es kurz nach der Verklärungsgeschichte noch einmal sagen. Es verhallt ungehört, wo wir es doch hören sollten: Da, wo gelitten und gestorben wird, da ist Gott. Dort müssen wir ihn suchen, indem wir uns selbst in das Leiden der Menschen mischen, indem wir selbst mitleiden und unter Umständen zu sterben bereit sind, damit die Menschen leben.
Das ist waches Christsein, das ist echte Nachfolge Jesu: Unser Ort ist nicht auf dem Berg, in der idyllischen Vorstellung von Macht und Herrlichkeit, sondern unten im Tal, dort, wo gelitten und gestorben wird, da ist Gott.

2 Vor einigen Jahren war ich in der norddeutschen Stadt Ratzeburg. Dort entdeckte ich etwas, was ich seither nie mehr vergessen kann und was ich als franziskanisches Programm erkenne: Da war ein Bienenkorb, ein ganz alter, der die Zeiten überdauert hat, und darunter eine Schrift: *Deus in*

minimis maximus – in den kleinsten Dingen ist Gott am größten. Es ist ein Satz, der von Franziskus stammen könnte.

3 Gott
Du wohnst in der Stadt des Friedens
Komm
In unser Herz und in unseren Verstand
In unsere Tatkraft und in unsere Phantasie
Und die Stadt des Friedens ist unsere Stadt

4 Gott ist – so lehrt die Philosophie, so haben wir in der Theologie gelernt – *der Allmächtige.* Aber ist das unsere tägliche Erfahrung? Was tut denn Gott in den Katastrophen dieser Welt? Hat er je einmal schon eingegriffen in diese Geschichte? Hat er etwas zum Guten gewendet mit seiner Macht? Hat er die Ermordung von sechs Millionen Juden verhindert? Verhindert er, dass jede Sekunde ein Kind stirbt, nur weil es nicht genug zu essen hat? Vernichtet er den Wahnsinn in Ost und West, die Welt zwanzigmal vernichten zu wollen?
Da gefällt mir die Antwort des heiligen Franz viel besser. Sie deckt sich mit dem, was ich von Gott erfahre. Nichts haben wir in der Welt von Gott – nur sein Wort, seine Tat, seinen Sohn Jesus, seinen hingegebenen Leib und sein vergossenes Blut.

5 Gott
Warum das Leiden?
Warum der Tod?
Ist das nicht der große Widerspruch,
den du unserm Leben eingezeichnet hast?
Doch:
Bist du nicht eingegangen in unsere Hinfälligkeit?
Sind Leiden und Tod nicht dein?
Ist das nicht der Tod des Todes?

6 Was wir von Gott hier auf Erden erfahren, das ist eine *totale Liebe, die sich vergisst,* damit die Kinder in der Mitte stehen, damit die Namenlosen ein Ansehen bekommen, damit die Kleinen groß sind, damit die Armen reich und die Toten lebendig werden; was wir von Gott hier auf Erden erfahren, das ist die Liebe, die stirbt, die man gewaltsam tötet, die endet am *Kreuz.*
Unter solchen Bedingungen muss man Gott suchen.

7 Ihr alle seid Götter,
ihr seid Söhne und Töchter des Höchsten,
aber nur,
wenn ihr Recht verschafft
den Unterdrückten und Waisen
und zum Recht verhelft
den Gebeugten und Bedürftigen.
Nach Ps 82,2–7

8 Was wir von Gott hier auf Erden erfahren, das ist im Grunde das *Gegenteil von dem,* was Gott ist: nicht die Allmacht, sondern die Ohnmacht der Liebe; nicht seine überwältigende Kraft, sondern die Tatsache, dass auch er zu den Erniedrigten, Geopferten, Gemarterten, Getöteten gehört; nicht seine unüberwindliche Macht, sondern seine Demut.
Ausdrucksstarkes Symbol dieser Demut Gottes war für Franziskus die Eucharistie. »Die Winzigkeit des Brotes«, die Alltäglichkeit eines Stückes Brot, das stets wiederkehrende Teilen in Liebe von Brot und Wein – das ist für ihn das, was wir von Gott erfahren, nichts anderes.

9 Ob du sitzest oder stehst,
gehst oder ruhst,
wachst oder schläfst:

Da ist jemand, der um dich weiß,
der dich mit Liebe umhüllt.
Nach Ps 139,2–5

10 Ein Stück Brot steht im Zentrum unseres Glaubens, die Winzigkeit des Brotes, damit wir uns tagtäglich vor Augen führen: Gott ist der Demütige, im Unscheinbaren verbirgt sich Gott, im Alltäglichen erfahren wir ihn, im Gegenteil von Macht und Herrlichkeit können wir ihn erahnen. Seht die Demut Gottes – heute im ausgesetzten Brot, im hingegebenen Leib Christi, im zerschundenen Antlitz des gekreuzigten und geschundenen Menschen.
Deus semper minor: Gott überbietet unsere Vorstellungen von ihm – nicht so sehr nach oben ins Unendliche, sondern nach unten ins Konkrete: Er ist immer noch kleiner und geringer und nur, wer sich selber klein macht und zu den Demütigen zählt, nur der Frater minor, der mindere Bruder, die mindere Schwester, wird ihn entdecken.
In minimis Deus maximus: Gott kann nicht klein genug gedacht werden, im Kleinsten ist er da.

11 Wer sein Leben retten will,
wird es verlieren!
Wenn du krampfhaft
dein Leben festhältst
und nur dich kennst,
wirst du an dir selber zugrunde gehen.
Nur wenn du dich
in Liebe
verlierst,
wirst du dich finden.
Nach Mk 8,35

12 Einen Weinstock pflanzen,
ihm viel Raum geben,
ihn Wurzeln schlagen lassen –
das tut Gott!
Das sollen wir tun!
Nach Ps 80,9

13 Raum geben! Doch wie kann ich einem anderen Raum geben, wenn ich selbst keinen habe? Damit ich meinem Mitmenschen wirklich Lebensraum schenken kann – Platz zum Atmen, zum Leben, zum Sein –, muss ich vorher selbst einen solchen Raum haben.
Ich kann mir diesen Raum nicht selbst geben. Im Grunde genommen habe ich sehr wenig Platz, wenn ich nur auf mich blicke. Aber es gibt jemanden, der viel Raum gibt, sehr viel Raum, so viel, dass man darin leben kann, wirklich leben, so, dass man nicht mehr Angst haben muss zu sterben. Gott schenkt uns *ewiges Leben.*

14 Was suchst du den Tod?
Gott
ist ein Gott,
der Rettung bringt.
Er führt heraus aus dem Tod.
Er will, dass wir leben,
jetzt und ewig.
Nach Ps 68,21

15 Wie schön wäre es, wenn wir dieses ewige Leben erfahren könnten! Immer wieder glaubt man, dass es zwei Leben gibt: eines hier, bei uns auf Erden, ein irdisches, vergängliches Leben – und dann ein anderes nachher, nach dem Tod ein ewiges, unvergängliches. Gerade das ist eine

Häresie. Wir dürfen das Leben nicht in Phasen aufteilen. Nein, jetzt schon sollen wir ewig leben, so intensiv Leben erfahren, dass darin kein Platz mehr für den Tod ist, für Begrenzung und Einengung.

16 Gott spricht:
Ich bin der Herr, dein Gott,
der dich aus Ägypten herausgeführt hat.
Ich will nicht,
dass ihr versinkt
unter euren Lasten.
Ich will, dass ihr frei seid
und Milch trinkt und Honig esst!
Nach Ps 81,11

17 Wie können wir jetzt schon ewig leben? Wie können wir jetzt schon einen Raum haben, der keine Grenzen mehr kennt und in dem wir wirklich atmen und leben können? Das Evangelium meint: indem wir an Christus glauben, indem wir auf das Kreuz schauen, indem wir in dieser Hingabe Jesu in den Tod den letzten Sinn der Welt und des Menschen sehen.

18 »Der Herr wird auf diesem Berg ein Festmahl geben mit den feinsten Speisen, ein Gelage mit erlesenen Weinen, mit den besten und feinsten Speisen, mit besten, erlesenen Weinen. Er beseitigt den Tod für immer. Gott, der Herr, wischt die Tränen ab von jedem Gesicht« (Jes 25,6.8).
Du Freude der Welt
Gott des Lebens
Lass uns einstimmen
in den Jubel der Welt
Denn das Leben erblüht

und der Tisch ist gedeckt
Lass uns Halleluja singen
Denn das Leben ist stärker als der Tod
Segne unsere Freude und unsere Lieder
unsern Glauben und unsre Hoffnung
Segne jeden Stein und jedes Stück Erde
durch Christus, unseren Herrn.

19 Wer glaubt, dass Gott selbst nichts als Liebe ist, nur Liebe, die sich hingibt; wer glaubt, dass Gott nicht ein übermächtiger Gott ist, der das Leben nimmt und gibt, gerade so, wie er will; wer glaubt, dass Gott nicht der erdrückende Allgewaltige ist, sondern eben die Liebe, die sich kreuzigen lässt, wer auf diese Liebe am Kreuz blickt, der weiß plötzlich – und das mit einer unverlierbaren Gewissheit: Ich darf sein, ich habe nichts zu fürchten, ich habe einen so großen und weiten Raum, dass eigentlich nichts mehr die Entfaltung meines Lebens hindern kann: kein Tod, keine Träne, kein Leid, keine Verfolgung, nichts, gar nichts – denn Gott ist die Liebe, und in dieser Liebe habe ich Raum.

20 Der Geist Gottes selber
bezeugt unserem Geist,
dass wir Töchter und Söhne Gottes sind.
Sind wir aber Söhne und Töchter,
dann sind wir auch Erben,
Erben Gottes,
Miterben Christi.
Göttliches Leben
fließt in unseren Adern
und wir wollen es spüren
und feiern.
Nach Röm 8,17

21 »Gott hat seinen Sohn in die Welt gesandt, nicht damit er die Welt richtet, sondern dass die Welt durch ihn gerettet wird.« Es gibt keinen Unheilswillen Gottes, sondern nur einen Heilswillen Gottes.
Wir dürfen glauben, dass wir noch Raum haben, einen Raum, der uns trotz allem geschenkt ist: Gott ist Liebe, Rettung, nicht Gericht und Verdammung. Das gilt für die große Welt, doch auch für mich persönlich:
Wer an Christus glaubt, wird nicht gerichtet. Gott schenkt mir Raum, ich darf an seine Liebe glauben, darf trotz meiner Schuld leben. Denn Gott ist Liebe.
Wir bewegen uns also allesamt in einem Raum, den Gott selbst geschaffen hat, im Raum der Liebe, des Kreuzes Jesu.

22 Was nützt es dem Menschen,
wenn er die ganze Welt gewinnt:
Häuser, Autos, Ansehen, Macht?
Was nützt ihm das,
wenn er seine Seele,
sein Leben verliert.
Ganz anderes
braucht die Seele!
Aus ganz anderen Quellen
fließt das Leben!
Nach Mk 8,36

23 Wie sollten wir da nicht Raum schaffen für das Kind, das verborgen da ist im Schoß der Mutter?
Wie sollten wir da nicht Raum schaffen für den behinderten Menschen?
Wie sollten wir da nicht Raum schaffen für den Menschen links und rechts, für Freund und Feind, für Einheimische und Fremde?

Wie können wir dann noch so eng sein im Denken, so eng in der Toleranz? Müsste sich da das Herz nicht weiten für alles und jedes, für Klein und Groß, für nah und fern? Wer einmal den Raum Gottes erfahren hat, den Raum der Liebe, der wird keine Enge mehr kennen.

24 Quellen und Bäche,
Berge und Täler,
Tag und Nacht,
Sommer und Winter
hat Gott geschaffen.
Denn wir sollen trinken und sehen,
verweilen und staunen
und lebendig werden
im Wechsel der Zeiten.
Nach Ps 74,15–17

25 Im Blick auf Jesus dürfen wir glauben: In unserer Geschichte hat sich Gott als die letzte Wirklichkeit erwiesen, als ein Gott der Lebendigen, nicht der Toten. Im Blick auf diese Geschichte wage ich, mich für Gott zu entscheiden und dem Tod entgegenzusingen: Tod, wo ist dein Sieg? Tod, wo ist dein Stachel? Der Tod hat seine Absolutheit verloren, ist zur vorletzten Wirklichkeit geworden. In dem Maße, wie wir das glauben, können wir singen. In dem Maße, wie wir in den Sog des Todes gelangen, sind wir verzagt und traurig. Wagen wir den Sprung von der vorletzten Wirklichkeit zur letzten, vom Tod ins Leben – dann werden wir singen.

26 Dort bleiben wollen,
wo das Leben ist
und Freiheit und Kraft,

bei ihm, der das Leben ist,
bei Jesus, der die Todesmächte vertreibt.
Er aber will,
das wir von ihm her
das Leben bezeugen:
Geh nach Hause, sagt er,
und berichte deiner Familie
und deinem Land,
wie du lebendig geworden bist
mit Haut und mit Haar.
Nach Mk 5,19f

27 Singen und spielen
will ich,
tanzen statt klagen
und mich mit Freude umgürten.
Denn leben soll ich
und leben will ich,
und Du bist es,
der Leben schenkt.
Nach Ps 30

28 Von Ostern her will der Gläubige singen und aus einer letzten Freude heraus leben; einer Freude, die ansteckend wirkt und zu allen Unternehmungen Mut macht. So sagt Paul Claudel, der aus der Freude des Glaubens lebte: »Die menschliche Seele ist eine Sache, die Feuer fangen kann, sie ist sogar einzig dafür gemacht, und wenn der Geist über sie kommt, wie es heißt, dann empfindet sie eine solche Freude, entringt sich ihr ein solcher Schrei, dass nur das Wort Begeisterung genau diesem Zustand entspricht. Und während das stoffliche Feuer verzehrt, was es nährt, ergreift uns das geistige Feuer von allen Seiten und, weit davon ent-

fernt zu zerstören, entfacht es neue Kräfte in uns ...« Vielleicht sind diese Worte des Dichters geeignet, uns die österliche Freude ins Herz zu schreiben. Ostern ist tatsächlich eine Herausforderung für unsere Tage. Aber Gott selbst mutet uns Ostern zu, damit wir Freude haben und sie in Fülle haben.

29 Meine Seele frohlockt,
mein Leib wird wohnen in Sicherheit
Nicht die Seele allein
wird gerettet,
sondern auch der Leib.
Nur scheinbar zerfällt er,
in Wirklichkeit jedoch
weckt Gott ihn auf
zum ewigen Leben.
Nach Ps 16,9f

30 Es brause das Meer
und alles, was es erfüllt,
es jauchze die Flur
und was auf ihr wächst,
es jaule und krähe,
es miaue und muhe,
es tanze und hüpfe jedes Tier,
es stürme und juble jeder Mensch
und alles, was sich in ihm regt.
Nach Ps 96,11

MAI

1 Gott
Du willst
dass wir Frieden haben
Versöhn uns
mit uns selbst
mit unserer eigenen Lebensgeschichte
und wir werden Frieden bringen

2 Wenn Christus in euch ist,
dann seid ihr
voll Leben im Heiligen Geist,
lebendig mit Haut und Haaren,
außen und innen,
mit Seele und Geist,
nicht aus eigener Kraft,
sondern in der Kraft der Liebe,
mit der ihr aufgerichtet seid
zum Leben.
Nach Röm 8,10

3 Gott
Du rufst uns beim Namen

Kennst mich
Und kennst alle anderen
So wollen wir deine Stimme hören
Und einander wahrnehmen als deine Gerufenen

4 »Zieh fort aus deinem Land, aus deiner Heimat und aus deinem Vaterhaus in das Land, das ich dir zeigen werde« (Gen 12,1). Dieses »Zieh fort« hörten die ersten Christen von Jesus von Nazaret – und sie ließen die Zollstätte hinter sich oder die Fischernetze oder das eigene Haus oder was es sonst gerade war.
Dieses »Zieh fort« hörte Franziskus, als er den Aussätzigen küsste, damit er in der Familie der Unglücklichen intensiv lebte, bei den Armen und Elenden dieser Erde.
Dieses »Zieh fort« ist wahrscheinlich eines der wichtigsten Worte, die innerhalb der jüdisch-christlichen Religion auszumachen sind. Es ist wirklich eine Zumutung, die heute an uns herantritt.

5 Gott mutet uns zu, frei zu sein für das wahre Leben. Er mutet uns zu, uns unabhängig zu machen von allen möglichen Zwängen und Mechanismen. Er mutet uns ein Leben in Freiheit zu. Deswegen spricht er immer wieder das gleiche Wort: »Zieh fort aus deinem Land, aus deiner Heimat und aus deinem Vaterhaus in das Land, das ich dir zeigen werde.«

6 In der jüdischen Frömmigkeit gibt es ein Wort, das mir zu denken gibt: »Das eigentliche Exil Israels in Ägypten war, dass sie es ertragen gelernt hatten.« Viel zu schnell sind wir bereit, uns mit unseren Abhängigkeiten und Zwängen abzufinden. Unsere Versklavungen sind oft so subtil, dass wir sie noch für den Gipfel der Freiheit halten.

7 Alle,
die sich leiten lassen
vom Geist Gottes,
sind Söhne und Töchter Gottes.
Denn ihr habt nicht
einen Geist empfangen,
der euch zu Sklaven und Sklavinnen macht.
Ihr braucht keine Angst mehr zu haben
vor Gott. Ihr habt den Geist empfangen,
der euch zu Söhnen und Töchtern macht,
den Geist,
der uns den Namen Gottes buchstabiert:
Papa, Mama!
Nach Röm 8,14f

8 »Aus seinem Land ausziehen!« Das Land ist das, was uns ernährt, die Grundlage für das Leben des Einzelnen und des ganzen Volkes, die ökonomischen Bedingungen, die uns das Leben möglich machen sollen: die Produkte, welche die Erde hervorbringt, Geld und Besitz, mit denen wir das Leben angenehm machen können. Das alles ist gewiss gut. Aber leicht kann es geschehen, dass wir von alldem abhängig werden. Darum erscheint in der Bibel Gott und Geld, Geist und Geld, Freiheit der Kinder Gottes und Besitz oft in einem radikalen Gegensatz: Man kann nicht Gott dienen und dem Mammon.

9 »Ausziehen aus deiner Heimat«. Heimat kann etwas Großartiges sein. Das merkt man erst, wenn man viel unterwegs ist und außerhalb des Landes. Heimat bedeutet: eine Sprache sprechen, eine Geschichte haben, sich wiedererkennen können in einer Kultur, erzählen dürfen von vergangenen Generationen und ihren Erfahrungen mit dem Leben. Aber

auch da können Versklavungen entstehen: Auch das merkt man erst, wenn man im Ausland ist: ein Ärgernis erregendes Selbstbewusstsein, das alle Ausländer als minderwertig hinstellt; eine Menschenverachtung Fremdarbeitern gegenüber, als hätten diese keine Seele, keine Gefühle, keine Familienbande; eine das Boot-ist-voll-Mentalität, die zu Verhaltensweisen und Gesetzen führt, die ganz klar dem Völkerrecht widersprechen. Da muss der Heilige Geist über uns kommen und uns die Augen öffnen für die Weite des Reiches Gottes, für eine Heimat, in der alle Menschen Brüder und Schwestern sind.

10 Gottes Geist
kommt in mich
und stellt mich auf die Füße.
Und wenn ich
Boden fühle unter meinen Füßen
und den Wind in meinen Haaren
und den geraden Rücken,
dann, ja dann
höre ich den, der mit mir reden will:
Gott!
Nach Ez 2,2

11 Gott
Du hast einen Weg des Friedens gezeigt:
Jesus Christus
Lass uns ihm folgen
den Frieden im Herzen
die Vergebung auf den Lippen
die Zärtlichkeit in den Händen.

12 »Ausziehen aus deinem Vaterhaus!« Auch das Vaterhaus ist doch zunächst etwas Wichtiges. Vater-

haus bedeutet: geboren sein und geliebt werden, enge Beziehungen haben, ein Dach über dem Kopf, zurückkehren dürfen, wann immer man will. Doch auch hier sind Abhängigkeiten möglich: Abhängigkeiten von Vater und Mutter. Die meisten Probleme, die sich mir im Sprechzimmer zeigen, sind falsche Bindungen an das Elternhaus, Familieninteressen, die sich gegen die Interessen von Nachbarn stellen, Abkapselung, die keine Kontakte mit anderen sucht, ein enger, muffiger Geist, der nur Vater und Mutter, Kinder und Eltern und nur die eigenen vier Wände wahrnimmt. Da braucht es schon den Heiligen Geist, der uns die Augen öffnet für die große Verheißung.

13 Spruch des Herrn,
der den Himmel ausspannt
über euch
und der
die Erde legt als Grund
unter eure Füße
und der
den Geist formt
in eurem Innern:
Seht,
ich mache euch
zur Schale
voll rauschendem Wein
für alle Menschen.
Nach Sach 12,1

14 Was mich beeindruckt an der Geschichte Abrahams, ist dieser große, weite Horizont: Ein Segen für die ganze Welt sollst du sein. In dir sollen alle Geschlechter der Erde Segen erlangen. Abraham, wir alle sollen ein Se-

gen sein für die ganze Welt. Frei sind wir erst dann, wenn wir die ökonomischen, nationalen und familiären Zwänge und Abhängigkeiten aufgeben – und in den Horizont der Welt treten, ein Segen werden für alle.
Diese Freiheit gründet auf einem personalen Gegenüber zu Gott, auf einem absoluten Vertrauen, dass er mich führt, auf einem aufmerksamen Wahrnehmen des Wortes: dass er es ist, der mich segnet, der mich beruft, wegzuziehen aus allen Zwängen, um die wahre Freiheit und das wahre Leben zu finden in der Gemeinschaft mit Gott und im Horizont der ganzen Welt.

15 Gott, in dir ist Freiheit.
Lass uns ausziehen aus allem
was uns gefangen hält.
Gott, in dir ist Leben.
Lass uns erkennen
welches unsere wahren Bedürfnisse sind.
Gott, in dir ist Weite.
Lass uns hineinfinden
in die Länge und Breite deiner Verheißungen.
Gott, in dir ist Freude.
Lass uns immer mehr Erlöste sein
und ein Segen für die Welt.

16 Schon von der Erschaffung der Welt
hat Gott gedacht
an dich und mich,
damit er uns nahe sein kann
und wir einander
und wir miteinander ihm
und allem, was er geschaffen hat.
Nach Eph 1,4

17 Großartig die Vorstellung, dass Gott eine Vertraute, eine Freundin hat! Dass es also so etwas wie Intimität, umarmende Nähe, ein »Verhältnis« Gottes gibt. Eine Mitwisserin, die bei allem dabei ist, was er tut. Ein Wesen, das seine ganze Freude ist, eine Gefährtin, die vor ihm spielt und tanzt und ihn stets mehr hineintreibt in den göttlich-leidenschaftlichen Taumel der Liebe, aus dem dann alles Irdische hervorgeht.
Der Text, in dem sich die Vertraute Gottes höchstpersönlich vorstellt (Spr 8,22–31), legt uns sogar nahe zu denken, dass Gott ohne dieses Spiel und ohne diesen Tanz der Vertrauten gar nicht hätte schöpferisch tätig sein können. Erst die Rhythmen und die Bewegungen der Geliebten, der Freundin bringen Gott zur schöpferischen Tat und zu den gestaltenden Kräften; dass die fließenden Quellen, die stürmischen Urmeere, die flutenden Wasser, aber auch das feste Land und das Firmament, die Berge und die Hügel entstehen, ist der Geliebten Gottes zu danken.

18 Eine ganze Reihe von Assoziationen drängen sich dem meditativen Denken auf: Zunächst muss ich an den mythischen Bericht von der Entstehung der Stadt Theben denken. Da ist ein Brüderpaar: der eine, Zetos, stark und kräftig, voller Energie und Tatendrang, das konkrete Zugreifen und Verrichten, das Hand Anlegen und unermüdliche Schaffen; der andere jedoch, Amphion, schwach und sensibel, voller Poesie und Lust am Spiel der Leier, die müßige Distanz und die reine Beschauung. Nur durch das Zusammenspiel der beiden entsteht die Stadt Theben. Der Sensible spielt auf der Leier die herrlichste und verlockendste Melodie und nur wenn er spielt, kann der Starke die Felsbrocken verschieben und die Mauern errichten. Sobald das Spiel der Leier aufhört, erlahmt die Tatkraft des Starken.

19 Welche Vorstellung, dass etwas ähnliches der Fall sein soll, wenn Gott schafft: Die anmutigen Tanzbewegungen seiner Freundin sind die Voraussetzung, unter der Schöpfung gelingt.
Der Vergleich mit dem griechischen Brüderpaar stellt die erotische Dimension des göttlichen Schaffens heraus: Gott freut sich am Liebesspiel und am erregenden Tanz der Geliebten. Mancher Künstler, Schriftsteller, Dichter könnte erzählen, wie sehr er in seinem Schaffen von der erotischen Faszination beflügelt wird, die von einem geliebten Wesen ausgeht. Und bei ebenso vielen erlischt die künstlerische Kraft im gleichen Augenblick, wie die Beziehung zerbricht.

20 Wie gesagt, welche Vorstellung! Oder muss sie etwa aus dogmatischen und moralischen »Reinheitsgeboten« gleich weggeschoben werden? Da ist doch, sagt man, der Monotheismus! Der Eingottglaube vertrage sich nicht mit der Vorstellung eines zweiten schöpferischen, gar weiblichen Wesens! Und dann, fügt man hinzu, die Erotik! Die diesseitige und sinnliche Dimension dürfe nicht auf Gott übertragen werden!
Arme Leute, die so denken müssen! Sie verstehen nichts von der poetischen und metaphorischen Sprache, die allein imstande ist, angemessen von den ersten und den letzten Dingen des Menschen zu reden. Warum denn darf man das Schöpfungswerk Gottes nicht aus den größten und kostbarsten Erfahrungen, die uns möglich sind, zu erklären suchen? Aus dem beglückenden Erlebnis der Liebe und aus der dichten Erfahrung künstlerischen Schaffens heraus? Und warum sollte nicht gerade die Frau ihren Anteil an der Schöpfung geltend machen dürfen? Und warum darf nicht auch die geschlechtliche Polarität, aus der ja schließlich alles Leben hervorgeht, nicht auch der Ur-Grund sein für das Hervorgehen des Univer-

sums? Warum sollte man die größte irdische Kraft, die Erotik eben, nicht als göttlich-transzendente Ur-Macht zu verstehen suchen? Obwohl Gott ganz gewiss völlig jenseits von geschlechtlichen Differenzierungen steht!

21 Das größte Kunstwerk, das es gibt, die Schöpfung, entsteht also ebenso wie Theben und Goethes »Faust« aus dem Zusammenklang von Energie und Liebes-Spiel; wie die irdischen Dinge entsteht auch der Kosmos angesichts der Liebe, aus der leidenschaftlichen Anziehungskraft, die von der Liebe und von der Anmut der Liebesbewegung ausgeht.
Vielleicht geht uns in diesem Zusammenhang sogar auf, warum wir uns trotz oder gerade wegen des Monotheismus zur Dreifaltigkeit bekennen. Gott kann unmöglich als der absolut Einsame gedacht werden. Er ist zudem überhaupt nicht als Einzelwesen zu denken. Er ist sowieso nichts als Liebes-Beziehung, Hin- und Herfluten der Liebe, ein überfließender Brunnen der Güte. Gewisse Leute machen es sich zu einfach, wenn sie gerade die Dreifaltigkeit als alten Zopf betrachten, von dem sich die Kirche doch endlich einmal trennen müsse. Das Bilderverbot des Alten Testamentes verbietet es, uns auf Aussagen über Gott festzulegen. Über Gott kann man gar nicht widerspruchslos reden: Sobald man etwas gesagt hat, muss man es auch gleich wieder verneinen und durch eine gegensätzliche Aussage korrigieren. Eine Gottesrede, die in sich schlüssig, ausgewogen, eindeutig ist, muss doch gerade den Verdacht erregen, das Geheimnis Gottes zu fixieren. Der Dreifaltigkeitsglaube ist darum ein authentischer Vollzug des alttestamentlichen Bilderverbotes.

22 Wenn Gott die Seinsfülle ist, das in sich und aus sich selbst lebendig da seiende Geheimnis, dann muss er

gleichzeitig auch als Seinsarmut gepriesen werden, als ein Geheimnis, das nicht an sich festhält, sondern sich gänzlich – arm und gelöst – wegschenkt, ja, er ist Gabe, Geschenk schlechthin. Gott ist der Geber, der Gegebene und die Gabe.

23 Wenn Gottes Wesen Allmacht ist, das in sich und aus sich heraus alles vermögende, alles bestimmende Geheimnis, dann muss es gleichzeitig auch als Ohnmacht bekannt werden; als ein Geheimnis, das sich selbst so sehr zurücknimmt, dass es gerade und erst recht in der Selbstbescheidung, in der Selbsteingrenzung, in der Zurücknahme seiner selbst, ja im ohnmächtigen Nichts sich selbst bleibt. Ja, Gott ist wesentlich Demut, die Demut schlechthin. Gott ist der Bestimmende, der Bestimmte und die Bestimmung.

24 Wenn Gott Liebe ist, in sich und aus sich heraus lodernde Liebesflamme, dann muss er gleichzeitig auch als der Entflammte, der Liebesentbrannte gefeiert werden, ja, er ist flutendes Liebesfeuer schlechthin. Gott ist Liebende(r), Geliebte(r) und die Liebe.
Und wenn dem so ist, dann entspringt alles, was geworden ist, dem Liebes-Spiel, dem »erotischen Verhältnis«, der Faszination, die Gott von Angesicht zu Angesicht in Bann schlägt.

25 Gott lebt in der Stille
deines Hauses
und im Schweigen deiner Worte.
Gott richtet dein Auge auf das Schöne,
dein Herz auf das Gute,
deinen Verstand auf das Wahre.
Nach Ps 99,2–3

26 Die Lehre von der Dreifaltigkeit könnte, wenn sie denn richtig verstanden wird, zur Humanisierung des Lebens und der Beziehungen weltweit beitragen. Deswegen fordern zum Beispiel französische Philosophen, die Dialektik zugunsten einer Trialektik aufzugeben (Alain Dunand).
Die Wirklichkeit folgt einer »ternären Logik«, sagt B. Besret. Da gibt es das eine, und dort gibt es das andere, und zwischen beiden gibt es das Dritte: eine hin- und herfließende, lebendige Dynamik, die für die Zukunft offen bleibt und die nichts abwürgt, sondern jedem das seine lässt und die Unterschiede nicht einebnet; ein stets überraschendes Gespräch zwischen diesem und jenem und eine bleibende Ehrfurcht voreinander; eine Haltung, die in der liebenden Zuneigung zu beiden Gesprächspartnern das Geheimnis wahrt und gerade so die Wahrheit offenbart.

27 Dies also ist die Logik, welche von Gott ausgeht. Die großen geistlichen Schriftsteller sprachen darum von den Spuren, welche der dreifaltige Gott in die Schöpfung eingeprägt hat. Der heilige Bonaventura (+1274) zum Beispiel übte sich darum in der Analyse der Schöpfungswirklichkeit ebenso wie in der Gestaltung seiner Bücher und Schriften in diesen Dreischritt ein. Wir dürfen nicht im Entweder-Oder stecken bleiben, sondern müssen das verbindende Dritte suchen, das beides zusammenhält und doch den Unterschied zwischen beiden nicht aufhebt.
Der Monotheismus hat also nach christlicher Auffassung keine monotone, sondern eine tritonale Gestalt. Er ist nicht eintönig und uniform, sondern dreifaltig. Nur im Ernstnehmen seiner Gestalt und im immer neuen Einüben des Dreischrittes kann der Monotheismus der gesamten Menschheit auf ihrem Weg in die Zukunft weiterhelfen.

28 Gott ist und bleibt der ganz Andere, der letztlich Unbenennbare und Unbegriffene, das Geheimnis, das allem zugrunde liegt und alles mit Leben erfüllt. Er ist allem, was ist, innerlich gegenwärtig und haucht jedem Geschöpf dauernd und anhaltend das Leben zu (= »Vater«). Er bringt sich mir aus meinem Inneren heraus wie allen anderen Menschen auch zur Erfahrung (= »Heiliger Geist«). Und er tritt mir in Jesus von Nazaret als maßgeblicher Mensch entgegen. In ihm ist alles ausgesagt, was Gott uns zu sagen hat: Seine sich ganz für uns verausgabende und darum befreiende Liebe (= »Sohn«). Immer ist es der eine und derselbe Gott, der sich identisch bleibt, gerade weil er dreifaltig ist und uns in drei Tönen erklingt: als der alles Übersteigende und in allem Innewohnende, als der aus meinem Innern Hervorsteigende und als der mir in der Geschichte entgegenkommende Bruder und Freund, als Weg, Wahrheit und Leben, als Jesus, der allen Tod überwindet.

29 Wer sich auf diesen dreifaltigen Gott einlässt, wird allem Zwang und aller Vereinheitlichung im Denken und Handeln entsagen müssen. Er wird vielmehr den Dreischritt einüben, indem er den Spuren des Dreifaltig-Einen nachgeht. Und er wird mit aller Offenheit und Geduld, mit Liebe und Verstand hinter den unterschiedlichsten Erfahrungen den einen Gott suchen, nicht dadurch, dass er alle Unterschiede einebnet, sondern gerade, indem er sie herausstellt.

30 Völker der Erde,
findet zusammen!
Ihr unzähligen Menschen,
erkennt den gemeinsamen Ursprung
und die gleiche Richtung!

Sammelt euch um
die eine Mitte.
Nach Ps 96,7–8

31

Gott
Frieden und Gerechtigkeit –
beides ist dein!
Lass uns
miteinander teilen
allen zum Recht verhelfen
füreinander einstehen

JUNI

1 Gott
Auferstehung und Leben
Zeig dich!
Rufe!
Erwecke uns zum Leben
Tag und Nacht!
Immerzu.

2 Wenn der Geist Gottes in euch wohnt,
der Jesus von den Toten auferweckt hat,
dann wird er
auch euren sterblichen Leib
lebendig machen.
Er wird es tun durch seinen Geist,
der ja in euch wohnt.
Horcht also in euch hinein
und ihr werdet spüren,
wie das Leben beginnt.
Und dann werdet ihr
auch andere lebendig machen
im Geist, der in euch wohnt.
Nach Röm 8,11

3 »Wie hältst du's mit der Religion?« Ich glaube, dass diese Gretchenfrage für uns Christen ganz anders lautet, nämlich: »Wie hast du's mit dem Kreuz?«
Auf dem letzten Konzil stand ein Bischof aus der Dritten Welt am Mikrophon. Er nahm das Kreuz, das er auf seiner Brust hängen hatte, in die Hand, schaute es ein wenig an und rief dann in die Aula des Petersdomes: Wir tragen alle ein Kreuz auf der Brust, es wäre besser, wir würden es auf dem Rücken tragen!

4 Über euch
werde ich ausgießen
den Geist des Mitleids
und des Gebets.
Und ihr werdet blicken
auf den, den sie durchbohrt haben.
Von den Opfern
kommt das Heil,
nicht von den Tätern,
von den Verwundeten
und Verletzten,
nicht von den Starken
und nicht von den Mächtigen.
Nach Sach 12,10

5 Vor zweihundert Jahren lebte in Moskau ein deutscher Arzt, der sich in besonderer Weise der Gefangenen und Armen annahm und den man deshalb nur den »Engel von Moskau« nannte. Er war befreundet mit dem Metropoliten von Moskau, der, wie sollte es anders sein, auf seiner Brust ein großes goldenes und mit Edelsteinen geschmücktes Kreuz trug. Eines Tages sprachen sie miteinander über die Strafgefangenen. Der Metropolit wollte den Arzt in seinem Einsatz zurückstutzen und meinte: »Wer bestraft wird, ist auch schuldig.«

Der Arzt wurde zornig und schleuderte dem Metropoliten nur einen Satz ins Gesicht: »Sie haben nur Christus vergessen« – und zeigte auf das goldene Kreuz.

6 Was kann uns scheiden
von der Liebe, die sich hingegeben hat,
von der maßlosen Hingabe Gottes:
von Jesus Christus,
dem Gekreuzigten?
Bedrängnis oder Not
oder Verfolgung,
Hunger oder Kälte,
Gefahr oder Schwert?
All das überwinden wir
durch den, der uns geliebt hat.
Und die Liebe,
mit der wir geliebt sind,
drängt uns
zu lieben.
Nach Röm 8,37

7 Das Kreuz richtet unser Tun. Das Kreuz ist die größtmögliche Kritik an unserem eigenen Leben, an unseren christlichen Gemeinschaften, an unserer Kirche.
Um es noch einmal anders zu sagen: Das Kreuz ist nicht in erster Linie ein Gegenstand, den man als Schmuck in die Stuben oder um den Hals hängt; das Kreuz ist nicht bloß ein Betrachtungsgegenstand, nicht etwas, was man nur anschaut, bei Prozessionen herumträgt oder in der Karfreitagsliturgie feiert. Das Kreuz ist eine Lebensform, eine Prägung des Denkens, des Fühlens, des Handelns. Das Kreuz ist eine Perspektive, mit der ich die Welt als Ganzes und den Menschen im Einzelnen anschaue.

8 Die jetzigen Leiden
bedeuten nichts
im Vergleich zur Herrlichkeit,
die an uns offenbar werden soll.
Suche also nicht das Leiden,
sondern die Herrlichkeit,
und die Leiden,
die du tragen musst,
leide mit den Leidenden –
in der Erwartung der Herrlichkeit.
Nach Röm 8,18

9 Ich glaube, dass sich die Welt verändern würde, wenn wir das Kreuz als Lebensform entdeckten, wenn wir im Kreuz eine Perspektive sähen, durch die wir die Welt in den Blick bekommen, wenn wir begännen, mitzuleiden und einander menschlich nahezukommen.
Der Gekreuzigte ist der Verratene. Als Christ werde ich darum alles aus der Perspektive der Betrogenen, Im-Stich-Gelassenen, Geschiedenen, Einsamen anschauen.
Der Gekreuzigte ist der Gefangene und Gefolterte. Als Christ werde ich darum alles aus der Sicht der Internierten, Eingesperrten, Entwürdigten und Gefolterten betrachten.

10 Das Leben kommt
nicht durch politische Macht
und nicht durch ausgeklügelte Technik
und der Friede kommt
nicht durch Kraftakte und Gewalt,
nein, Leben und Frieden
kommen allein durch Menschen,
die sich geöffnet haben für
meinen Geist! –

spricht der Herr der Heere,
zunichtemachen will ich
Flugwaffe, Marine und Heer.
Nach Sach 4,6

11 Das Brot ist neben dem Kreuz das größte Symbol des christlichen Glaubens. Das ist nicht verwunderlich: Es gibt im Deutschen das Wort »Kumpan« für einen Menschen, der mir im Alltag verbunden ist, der die gleichen Erfahrungen macht, die gleiche schwere Arbeit zu leisten hat, der mit mir so vieles teilt, was der Tag bringt. Das Wort kommt vom Lateinischen: *conpanis* und bedeutet also ein Mensch, der mit mir durch das tägliche Brot verbunden ist oder, um es noch wesentlicher zu sagen: Er ist Mit-Brot, er ist mir Brot, ich bin ihm Brot.

12 Sein Blick
sucht deinen Blick:
Du bist
meine Mutter,
mein Bruder,
meine Schwester.
Denn nicht Fleisch und Blut
ist mir
Bruder, Schwester, Mutter,
sondern
wer den Willen Gottes tut.
Nach Mk 3,34

13 Wir sind alle einander »Kumpane«, »copains«, Menschen, die einander Brot sind, die einander in Glaube, Hoffnung und Liebe nötig haben wie das tägliche Brot. Und diese Erfahrung übersteigt eine bloß menschliche

Annahme. Wir sind das füreinander, weil Jesus Christus unser Kumpan ist, unser copain, Gott und Mensch, der mit uns unser Leben teilt, der uns sein Leben mitteilt als Brot für das Leben der Welt.

14 Von dieser Brotfeier könnte sich eine neue Welt aufbauen: Zwei oder drei sind in Christus versammelt und lernen sich von Christus her neu verstehen, eben als »Kumpane«. Um diesen kleinen Kreis herum können sich neue Kreise bilden, bis die ganze Welt erfasst ist. Darum gehört die Offenheit für die ganze Welt zum Wesen dieser Feier. Darum nennt man im Gottesdienst auch die Namen des Papstes und verweist auf alle Bischöfe, Priester und Diakone, weil sich eben von dieser Feier her die ganze Welt neu aufbaut. Und darum hat man in der alten Kirche vor der Kommunion immer ein Stück der konsekrierten Hostie in den Wein gesenkt und dabei an andere Eucharistiegruppen der Stadt, des Landes, der Welt gedacht. Und darum hat man den Gottesdienstteilnehmern Hostienbrote mitgegeben, damit die Kranken und anderen, die nicht an der Feier teilnehmen konnten, mit in die neue Welt der »Kumpane« Christi einbezogen werden konnten.

15 Eucharistiefeier und Alltag gehören also zusammen. Sie verhalten sich wie das Symbol zur Wirklichkeit, auf die es hinweist: Wir sind Kumpane nicht nur in einem symbolischen Sinn, sondern wirklich. Wir müssen das Symbol umsetzen in die tägliche Praxis, in die gegenseitige Hilfe hinein, in Schenken und Empfangen.

16 Ein Vater der Waisen,
ein Anwalt der Witwen
ist Gott.

Er bringt die Verlassenen heim
und führt die Gefangenen hinaus ins Glück.
Aber er hat keine anderen Augen
als die deinen,
und keine anderen Hände
als die deinen,
um Vater zu sein,
und Führer und Befreier!
Nach Ps 68,6–7

17 Einmal hatten sich Franziskus und seine Brüder ein strenges Fasten vorgenommen. Sie wollten mit Jesus in der Wüste solidarisch sein und so ganz Gott gehören. Vierzig Tage lang sollte dieses Fasten dauern.
Und nun geschieht es, dass eines Nachts einen Bruder so der Hunger plagt, dass er es nicht mehr aushält und weint und schreit. Was tut Franziskus? Er hört das Weinen und Seufzen dieses Bruders, steht auf, schaut, was im Hause ist an Brot, Rüben, Trauben, Wein und bereitet ein festliches Mahl. Und damit der Bruder wegen seiner Schwäche sich nicht schämen muss, fängt Franziskus mit dem Essen und Trinken an.
Das ist Eucharistie im Alltag: Einfühlung, Solidarität, Teilen.

18 Ein anderes Mal sieht Franziskus, wie ein Bruder krank und schwach herumläuft. Er denkt sich, dass ihm vielleicht ein paar Trauben Freude bereiten und ihm neue Kraft geben könnten. Er lädt den Bruder zu einem kleinen Spaziergang in den Weinberg ein und setzt sich mit ihm unter eine Rebe und sie geben sich nun gegenseitig köstlich süße Trauben.
Das ist Eucharistie im Alltag, die Kommunion der Aufmerksamkeit, der Geschwisterlichkeit und des Teilens.

19 Wenn ich in die Welt schaue und sehe, was da alles vorgeht und sich anbahnt, dann habe ich keinen Grund in mir, in der Welt, der zu Hoffnung Anlass gibt. Nüchterne Wissenschaftler sagen es uns: Die Katastrophe ist wahrscheinlich. Es gibt für mich nur noch eine Hoffnung: die Eucharistie, die wir jeden Sonntag feiern, oder anders gesagt die Kultur des Brotes, die Jesus in unsere Geschichte gesät hat. Diese Hoffnung wird aber nur dann in Erfüllung gehen, wenn wir wirklich begreifen und leben, was wir feiern.

20 Nimm ein Senfkorn,
ein ganz kleines,
das du verstecken könntest
in der Furche deiner Hand.
Säh es
und es wird zum Baum,
in dem die Vögel nisten.
Nichts, was du tust,
ist vergeblich,
selbst das Kleinste
ist ein Versprechen.
Darum: Magst du noch so klein sein,
du bist wichtig
und wichtig ist, was du tust.
Nach Mk 4,31f

21 Doch haben wir wirklich begriffen, dass Gott mit uns einen *ewigen Bund* geschlossen hat? Dass wir seine lieben Verbündeten sind hier auf Erden, untereinander verbunden als Brüder und Schwestern? Ein Volk, das mit Gott und in Gott Geschichte macht? Haben wir wirklich begriffen, dass es hier gratis Wasser gibt, Getreide, Wein und Milch – alles geschenkt? Ja, haben wir wirklich begriffen,

dass uns Gottes Liebe sammeln möchte, zusammenführen, um uns dann die Fülle des Lebens zu schenken?

22 Gott spricht:
Ich komme vorbei
und sehe dich!
Siehe:
Deine Zeit ist gekommen,
die Zeit der Liebe.
Ich breite meinen Mantel
über dich
und bedecke deine Nacktheit.
Ich leiste dir den Eid
und gehe mit dir einen Bund ein:
einen Bund für das Leben!
Nach Ez 16,8

23 Eucharistie kann nur das sein, was sie sein will, nämlich der Bund Gottes mit uns, die erfahrene Nähe und Zuwendung Gottes, die Begegnung mit dem auferstandenen Christus, wenn wir uns sammeln lassen. Das müssen wir als Erstes begreifen. Dann aber werden wir eine gemeinsame Erfahrung von Leben und Kraft machen, die für uns selbst und für die Welt Hoffnung bedeutet. Gott wird da sein, wenn wir zusammenrücken und uns der sammelnden Liebe Gottes überlassen. Und er wird dableiben, solange wir zusammenstehen.

24 Haben wir wirklich begriffen, dass Eucharistie ein *Mahl* ist? Gemeinsames Brotbrechen? Miteinander das gleiche Brot essen, aus dem gleichen Kelch trinken? Untereinander und mit allen Menschen teilen? Ich weiß, dass wir auch da unter einer einseitigen Betrachtung in der

Vergangenheit immer noch leiden. Eucharistie sei Opfer, was sie auch ist, aber eben auf einer anderen Ebene. Auf der des *Zeichens*, auf der Ebene dessen, was wir tun und was wir sehen, ist Eucharistie Mahl, Brotbrechen, Essen und Trinken, Tischgemeinschaft.
Auf der Ebene der *Bedeutung*, auf der Ebene dessen, was sich beim Essen und Trinken ereignet, ist Eucharistie das Opfer Christi, seine Hingabe, seine radikale und selbstlose Liebe. Die Liebe Christi, die sich einsetzt, die Liebe, die sich aussetzt, die Liebe, die sich hingibt. Aber das wird nur in unserem liebenden Zusammensein erfahrbar; nur wenn wir miteinander essen und trinken, am gleichen Tisch sitzen.

25 Jesus sagt:
Ich bin die Auferstehung
und das Leben.
Wer an mich glaubt,
lebt,
jetzt schon.
Wer sich mir anvertraut
mit Haut und Haaren,
ist lebendig für andere,
jetzt schon,
und er wird leben,
wenn er stirbt.
Nach Joh 11,25

26 Eucharistie ist viel mehr als eine sonntägliche Stunde, die wir mühselig finden. Eucharistie ist ein Zeichen für etwas, was sieben Tage in der Woche gelebt wird. Und Eucharistie umfängt eigentlich nicht nur jene, die zur Pfarrei gehören. Sie will auch jene in das Teilen einbeziehen,

die nicht zur Kirche gehören, alle Menschen, die irgendwo auf der Welt leben.

27 Vielleicht fällt auf, dass der Text über die Brotvermehrung (vgl. Mk 6,35–44) genau gleich lautet wie die Wandlungsworte: Jesus nahm Brot, sagte Dank, brach es und reichte es seinen Jüngern. Doch statt dass Jesus sagt: Dies ist mein Leib, sagt er: Gebt ihr ihnen zu essen. Mit anderen Worten: Eucharistie feiern heißt: Brot vermehren, den Hunger stillen, die Not der Menschen wenden, nicht ruhen, bis alle zu essen und zu trinken haben, leiblich, seelisch, geistig. Und wenn das weltweit geschieht und in dem Maße, wie es geschieht, wird Jesu Hingabe am Kreuz, seine Liebe für uns, sein universales Opfer sinnlich und leiblich erfahrbar, hier auf Erden wirklich und wahr.

28 Gott gibt
nichts
der Unterwelt preis:
keine Frau und keinen Mann,
weder Mensch noch Tier,
weder Blume noch Stein.
Kein Leib schaut die Verwesung,
nichts zerfällt,
nichts vergeht.
Gott wandelt alles
in intensiveres Leben
und spricht sein schönstes Wort:
»Leib«.
Nach Apg 2,31/Ps 16,10

29 Haben wir wirklich begriffen, dass wir in der Eucharistie den Tod Jesu feiern? Haben wir wirklich

begriffen, warum Jesus gestorben ist? Dass er nicht im Bett gestorben ist, sondern am Galgen hingerichtet wurde? Auch hier leben wir aus der Vergangenheit, die uns oft eine Religion vermittelt hat, die man im letzten Jahrhundert zu Recht als »Opium für das Volk« hinstellte. Wir haben Eucharistie wie eine Beruhigungspille oder ein Schlafmittel eingenommen. Eucharistie ist also das Bekenntnis zu Jesus von Nazaret, der mit seiner Gesellschaft im Konflikt lebte, der, wie das Lukasevangelium einmal sagt, ein »umstrittenes Zeichen« (Lk 2,34) war und der schließlich den Preis für sein unbequemes Leben zahlen musste. Er hat Fremde, den heidnischen Hauptmann, die syrophönizische Frau, den Samariter, alles verhasste und verachtete Menschen, als Beispiel für den Glauben hingestellt: »So einen Glauben und so eine Liebe habe ich in Israel noch nie gefunden!«

30 Wie Bartimäus schreien

und sich nicht abbringen lassen
zu schreien:
Jesus, hab Erbarmen mit mir!
Und Antwort bekommen
und beglückt werden,
den Mantel wegwerfen
und alles, was hindert,
und zu dem eilen,
der das Leben ist,
und dann neue Augen bekommen
und nur noch sehen und schauen
und Wege des Lebens gehen
und eilen und schauen und sehen.
Nach Mk 10,46ff

JULI

1 Was dir gegeben ist,
vergrab nicht,
riskiere, was du hast,
setz alles ein!
Du kannst verlieren, gewiss,
aber nur wenn du wagst,
wirst du gewinnen!
Nach Lk 19,11ff

2 Der Geist kommt
in mich und stellt mich
wieder und wieder
auf die Füße.
Er redet mit mir und sagt:
Geh in dein Haus
und schließ dich ein!
Geh in dich
denn nur aus deiner Mitte heraus
kannst du auftreten
und dich einsetzen
für den aufrechten Gang der Menschen.
Nach Ez 3,24

3 Thomas von Aquin hat einmal gesagt: »Der Buchstabe des Christentums tötet mehr als jeder andere.« Und Pierre Ganne, der französische Jesuit, der ein geistreiches Buch über »Selten Bedachtes über den Heiligen Geist« (Einsiedeln 1985) geschrieben hat, fügt hinzu: »Ohne den Geist ist das Christentum nicht bloß gleichgültig, sondern gefährlich, ein Spaltpilz, etwas, das Unordnung schafft«.
Beispiele für das geistlose und darum gefährliche Christentum gibt es genug: die Kreuzzüge, die Inquisition, die Glaubenskriege, der Dogmatismus, die Intoleranz, die Sektiererei und der Fundamentalismus. Wer aufmerksam in unsere Kirchen hineinhört, weiß, dass diese gefährliche Seite des Christentums nicht nur der Vergangenheit angehört, sondern auch heute noch Wunden schlägt und vielerlei Tod bringt. – Umso lauter muss unser Schrei nach dem Geist sein, nach dem Heiligen Geist Gottes!

4 Ich werde meinen Geist ausgießen
über alles Fleisch.
Eure Söhne und Töchter werden Propheten sein
und von Geist und Leben sprühen,
eure Alten werden Träume haben
und den Tod ertrinken sehen
im Meer des Lebens.
Und eure jungen Männer
werden Visionen haben
und Blumen sehen, die nicht verwelken,
und Kinderaugen, die den Glanz nicht verlieren.
Ich werde meinen Geist ausgießen
über Knechte und Mägde
und sie werden am Tisch sitzen
und bedient werden.
Nach Joël 3,1

5 Der Heilige Geist ist das innerste Geheimnis des Menschen, der göttliche Atem, den wir nicht aus uns selbst haben, sondern eben von Gott zugehaucht bekommen. Er ist das Innerste des Inneren! Man könnte sagen, dass es der Heilige Geist Gottes ist, der uns Menschen zu Menschen macht: die erfahrene unendliche und unauslotbare Tiefe in uns selbst, in der Gott uns näher ist, als wir uns selbst nahe sind. Das ungehindert sprudelnde Leben in uns, die Erfahrung der schöpferischen Freiheit, die Fähigkeit zu lieben und sich als geliebt zu erfahren, das Bewusstsein, unaustauschbare Person zu sein und letztlich dem Geheimnis Gottes zu antworten und ihm in allem verantwortlich zu sein ... – das alles sind Erfahrungen, die durch den Heiligen Geist gewirkt sind. »Person« ist ja recht eigentlich der theologische Begriff, mit dem diese »Gottunmittelbarkeit« ausgesagt ist: Der Mensch ist einerseits ein von Gott unmittelbar an- und aufgerufenes Wesen und andererseits ein Wesen, das seinen Namen hört und darin seine Verant-Wort-ung wahrnimmt.

6 Eine solche Auffassung vom Heiligen Geist ist so weit wie das Universum und widersetzt sich der Versuchung, den Heiligen Geist Gottes für eine Gruppe, eine Konfession oder eine Institution zu vereinnahmen: Der Heilige Geist weht, wo er will! Grundsätzlich überall und in jedem Menschen! Der Heilige Geist öffnet uns in die Weite der Schöpfung und in die Tiefe der eigenen und der fremden Person. Wo immer der Mensch sein Inneres aufsucht oder die Spuren Gottes in der Schöpfung erspürt, wo immer jemand betet, hört und antwortet, spürt und erahnt, gewissenhaft handelt und bewusst im Leben steht, erfährt er den Heiligen Geist.

7 Von diesem Horizont her ist die Heilige Schrift zu lesen und zu deuten, das Geheimnis Jesu zu erfühlen und zu

glauben, die christliche Tradition zu begreifen und weiterzutragen und die Gemeinschaft der Kirche zu leben und zu gestalten. Denn diese Sicht der Dinge ist ja bereits aus den Zeugnissen der Heiligen Schrift abgeleitet. Der Heilige Geist muss unser Handeln bestimmen, unser Handeln darf sich nicht verselbstständigen oder gar über ihn setzen. Da geht es nur darum, durchlässig zu werden für die Dynamik des Geistes und sich von ihm tragen und drängen zu lassen. Jedes Machtstreben, jeder Wille, sich und seine Überzeugung mit Gewalt durchzusetzen, ist das pure Gegenteil der Wirkungen, die von Gott ausgehen, und darum an sich schon ein Beweis für ein geistloses Christentum.

Heiliger Geist ist also zunächst und vor allem die Erfahrung des eigenen lebendigen Inneren und der sich hingebenden Liebesfähigkeit, eine Erfahrung der Personalität also, die aus solchen Tiefen aufspringt, dass darin das unsagbare Geheimnis Gottes selbst zur Erfahrung gelangt.

8 Meine Seele
liegt in mir
wie ein Kind
an der Brust seiner Mutter.
Ich bin
die stillende Mutter
für meine Seele,
für mich selbst,
für die Gefühle, die mich bewegen,
für die Gedanken, die ich hege.
Nach Ps 131,2

9 Der Heilige Geist kommt mir nicht nur aus dem eigenen Inneren entgegen, sondern auch von außen. Aus der Schöpfung, aus der Menschheitsgeschichte, näherhin aus der

Heilsgeschichte, wie sie im Alten und im Neuen Testament aufleuchtet, ganz dicht, konkret und gewissermaßen eindeutig in der Lebenshingabe Jesu, deren Erben wir als Kirche sind. Dieser Jesus ist der Mensch, der Gottes Gefallen hat und über dem Gottes Geist weht, was immer er lebt, tut, sagt! Er ist es denn auch, der letztlich mein Christus ist, das Geheimnis, das ganz wesentlich mein Schicksal mitbestimmt. Letztlich kann es zwischen dem Geist, der in meinem Inneren aufbricht, und dem Geist, der sich in Jesus von Nazaret verkörpert, keinen wirklichen Widerspruch geben. »Keiner, der aus dem Geist Gottes redet, sagt: Jesus sei verflucht! Und keiner kann sagen: Jesus ist der Herr!, wenn er nicht aus dem Heiligen Geist redet!« (1 Kor 12,3). Es besteht also eine innere Korrespondenz zwischen dem, was mir Jesus sagt und bedeutet, und dem, was ich in mir von Gott erfahre. Es ist der eine Gott, der in mir meine Persönlichkeit zur Erfahrung bringt und der sich in Jesus zeigt. Die Verträglichkeit von Christus- und Innerlichkeitserfahrung gehört darum zu den Kriterien, an denen mystische Erfahrungen gemessen werden können. Aber auch umgekehrt: Ein Christentum, das mit den religiösen Aufbrüchen und Erfahrungen im Inneren der Menschen nicht korrespondiert, hat sich vom Geist, der in Jesus ist, gelöst.

10 Zu den selbstverständlichen Geisterfahrungen gehört an sich auch die Kirche. Denn, so müssen wir feststellen, weder ist die Erfahrung des eigenen Inneren frei von Wahn, Illusion, Täuschung, Irrtum, noch steht die wirkliche Gestalt Jesu von Nazaret so ohne weiteres vor mir. Zwar soll nichts zurückgenommen werden von der Unmittelbarkeit, mit der jeder Einzelne das Geheimnis Gottes in seinem Inneren und das Geheimnis Jesu von Nazaret wahrnehmen kann. Es bleibt dabei: Gott erschließt sich selbst in der Seele des Menschen, der Auferstandene zeigt sich von sich aus

dem, der glaubt. Dennoch: Wahn und egoistisches Streben können die Ankunft Gottes verhindern. Darum braucht es die kritische Auseinandersetzung mit einem »gescheiten Beichtvater«, wie Teresa von Avila sagt, das Eingebettetsein in die Glaubensgemeinschaft, die sich immer wieder neu vom Auferstandenen bestimmen und beleben lässt. Aber auch die Behausung und Beheimatung in einer lebendigen Gemeinschaft und die damit gegebenen Kommunikationserfahrungen selbst sind Wirkungen, die vom Heiligen Geist Gottes ausgehen. »Die Gnade unseres Herrn Jesus Christus, die Liebe Gottes des Vaters und die Gemeinschaft (= communicatio) des Heiligen Geistes sei mit euch!«, heißt es am Anfang der Feier, in der sich die Kirche an ihrem Ursprung und auf ihrem Höhepunkt erfährt. Und wenn Kirche bei ihrem Heiligen Geist bleibt, wird sie auch in Zukunft die echte Heimat des gläubigen Menschen sein! Glücklich wer das erfährt! Und wehe den Verantwortlichen, die den Geist in der Kirche auslöschen!

11 Wir wissen nicht,
worum
und wofür
und wozu
und wie wir beten sollen;
der Geist Gottes selber tritt
für uns ein
mit Seufzen.
Und sein Seufzen
können wir nicht in Worte fassen.
Gott aber,
der die Herzen erforscht,
weiß,
was die Absicht des Geistes ist.

Wozu also Worte machen,
wo das Seufzen genügt?
Nach Röm 8,26f

12 Der Geist Gottes
nimmt sich unserer Schwachheit an.
Darum dürfen wir schwach sein,
müssen nicht stark sein,
wir sind die Schwäche Gottes.
Und das macht stark.
Nach Röm 8,25

13 Gott hat mein Inneres geschaffen
im Schoß der Mutter,
er hat Bilder in meine Seele gewoben
und Lichter und Farben und Gefühle.
Ich danke ihm,
dass er mich so wunderbar gestaltet hat.
Nach Ps 139,13–14

14 Die umherirren in der Wüste
und den Weg zur wohnlichen Stadt nicht finden,
die, denen das Leben dahinschwindet,
schreien zum Herrn.
Und er führt sie
den geraden Weg zur wohnlichen Stadt
und er gibt ihnen
ein Leben voll Kraft.
Nach Ps 107,4–9

15 Die sitzen in Dunkel und Finsternis,
gefangen in Elend und Eisen,
schreien zum Herrn.

Und er führt sie
hinaus
aus Dunkel und Finsternis
und zerbricht ihre Fesseln.
Nach Ps 107,10-16

16 Was ist eigentlich Ihre Heimat, Ihre Verwurzelung? Sind wir nicht alle letztlich heimatlose Wesen, voll von Sehnsucht nach Geborgenheit? Nach einem Zuhause? Denn mögen wir verheiratet sein und glücklich in den Armen eines Geliebten, mögen wir auch in einem Orden sein und uns am richtigen Ort fühlen – unsere Fragen, unsere Sehnsucht, gehen weit über alles hinaus, was wir erreicht haben. »Unruhig ist unser Herz, bis es ruhet in dir.«

17 Darum fragen wir wie die ersten Jünger Jesus: Wo wohnst du? Und wie die ersten Jünger haben wir den Eindruck: Jesus ist jemand, der lebt, was wir suchen, dieser Jesus ist umhüllt von einem bergenden Raum. Er ist der Mensch, der fraglos zu Hause ist.
Wer ist Jesus, dessen Lebenskraft wir suchen? Viele begnügen sich heute mit schnellen und banalen Antworten:
Einer wie du und ich und sonst nichts – was hätte er uns aber dann zu sagen?
Ein Vorbild sei er, eines unter vielen – aber könnten wir uns dann wirklich für ihn entscheiden?
Ein radikaler Prediger, der verlangt, dass wir nicht nur die eine Wange hinhalten, sondern auch die andere, und wenn wir hundert Wangen hätten, wir müssten alle hundert hinhalten – aber wären wir dann nicht immerzu überfordert? Zum Scheitern bestimmt?
Muss Jesus nicht etwas ganz Anderes sein, etwas Einzigartiges, die Gegenwart Gottes selbst, verkörperte Liebe, Gnade, eine

tiefe Erfahrung des Geborgenseins, ein inneres Einssein mit Gott, das nicht mehr auflösbar ist, eine mystische Erfahrung, die aller ethischen Forderung unendlich vorausliegt und gutes Handeln erst möglich macht?

18 Die ersten Jünger erkannten: Ein exzentrisches Wesen ist Jesus, jemand, der nicht Tag und Nacht zwanghaft um sich selbst kreisen und spulen muss. Das Gravitationszentrum, um das sich sein ganzes Leben dreht, ist der unendliche Gott. Gott ist seine Wohnung, sein Zuhause. Unendlichkeit ist in ihm, das unendliche Geheimnis Gottes, Gott selbst. Jesus ist deswegen ein leuchtender Stern, der auch uns heute noch zu faszinieren vermag, eine Attraktion, die auch uns in seinen Bann schlägt. Jesus fasziniert, weil er ganz und gar in Gott lebt.
Die Jünger haben einen Menschen in der Geborgenheit Gottes erlebt. Sie waren dermaßen gefesselt von dem, was sie gesehen haben, dass sie es gleich weitersagen mussten. Aus seinen Augen leuchtet eine Schönheit, die schön zu machen vermag, auf seinen Lippen liegen Worte, die wie Musik klingen; aus seinem Herzen strömt eine Güte, die gut macht, und es kommt uns da eine Wahrheit entgegen, die trägt.

19 Ja, und dann erkannten sie in Jesus den Messias, den Christus, den Gesandten Gottes! Nach Psalm 2 ist der Messias ein Mensch, der ganz und gar durchlässig geworden ist für das Geheimnis Gottes, ein Mensch, der im Auftrag Gottes die Menschen glücklich machen soll, lebendig; der Messias ist ein Mensch, dessen Aufgabe es ist, die ganze Welt im Frieden Gottes zu versammeln, in einer umfassenden Gerechtigkeit, in einer unüberbietbaren Lebensfülle. Der Messias soll das Gottsein Gottes so sehr zur Geltung bringen, dass auch das Menschsein des Menschen weltweit

zur Geltung kommt. Der Messias – das ist ein Mensch, der wie David aussieht – von ihm sagt die Bibel: Er ist mit Löwen und Bären umgegangen wie mit Ziegen und Schafen. Der Messias – das ist Jesus, der nach dem Markusevangelium mit wilden Tieren zusammenlebte, gewaltlos, friedlich, wie im Paradies, einer, der sein Leben gibt, damit die ganze Welt zum Leben kommt.
Die ganze Welt: wir Menschen alle auf der weiten Erde, aber auch die Tiere und die Pflanzen, ja die ganze materielle Welt. Zuwendung zu Gott – das bedeutet auch Zuwendung zu allen Menschen zum Tier, zur Natur, zur ganzen Schöpfung.

20 Wie ein Hirt
sich kümmert um die Tiere,
die sich verirrt haben,
so kümmere ich mich
um meine Schafe.
Ich hole sie zurück
von all den lebensbedrohlichen Orten,
aus allen dunklen Nächten.
Und du bist
mein suchendes Auge,
meine sanfte Hand,
meine lockende Stimme,
mein sorgendes Herz.
Nach Ez 34,12

21 Was verloren ist,
will ich suchen,
was verjagt wurde,
zurückholen,
was verletzt ist,
verbinden.

Was schwach ist,
will ich kräftigen,
und was stark ist,
behüten.
Ich will euer Hirt sein
und für euch sorgen!
Und du auch,
du sollst Hirt sein,
und dich sorgen
in meinem Namen und in meiner Kraft.
Nach Ez 34,16

22 Dass die ganze Welt zum Leben kommt – das ist das Ziel, das Gott seit Anfang der Schöpfung verfolgt. Dass Gott alles in allem wird: wirkliche Liebe in der Liebe der Menschen, wahre Gerechtigkeit unter den Völkern, Leben auch noch mitten im Tod – das ist der einzige Wille Gottes. Wenn Gott alles in allem geworden sein wird, dann ist auch der Mensch ganz Mensch geworden. »Das Reich Gottes ist Gerechtigkeit, Friede und Freude im Heiligen Geist.«
Dazu ist Jesus gekommen. Das haben die ersten Jünger erkannt. Das haben sie gesehen. Das müssten auch wir einsehen und erkennen: Jesus ist der Messias. Wenn der Mensch es nicht erkennt, werden es die Steine verkünden müssen, und wenn es die kalte Vernunft des modernen Menschen nicht glauben will – die Kinder und die Säuglinge, die Unmündigen werden es lallen (Mt 21,15ff).

23 Treue sprosst aus der Erde,
Gerechtigkeit blickt vom Himmel:
wir sind umfangen
von Treue
und geborgen

in Gerechtigkeit und Frieden.
Nach Ps 85,12

24 Wir sind Christen – benannt nach Christus, Christus ist das griechische Wort für Messias. Wir sind Christen, das heißt einmal: Wir sind hineingetaucht, hineingenommen in die Liebe Gottes, wir sind Söhne und Töchter Gottes, Gott ist unser Gravitationszentrum, unsere Wohnung. Und das heißt dann auch: Wir sollen in der Kraft Jesu dafür besorgt sein, dass Gott in dieser Welt Gott ist und der Mensch Mensch, dass Gott alles in allem wird: wirkliche Liebe in der Liebe der Menschen, wahre Gerechtigkeit unter den Völkern, Leben auch noch mitten im Tod, Leben auch für die Natur, die Tiere, die ganze Schöpfung, – das ist der einzige Wille Gottes. Wir wollen ihn tun. »Das Reich Gottes ist Gerechtigkeit, Friede und Freude im Heiligen Geist.«

25 Gott
oben und unten
innen und außen
weit und breit
hier und überall
bist Du das Geheimnis, das alles durchdringt.
In unzähligen Namen
wirst du verehrt und angebetet,
gerühmt und besungen.

Die Steine besingen Dein Gewicht
die Blumen künden Deine Schönheit
die Vögel zwitschern Dein Lob
und schon die Säuglinge und Kleinkinder
lallen Deinen Namen.

Was vermögen Ungläubige und Gottlose
gegen diesen vielstimmigen Choral der Schöpfung!
Nach Ps 8

26 Ich sehe den blauen Himmel am Tag
und das Auftürmen der Wolken.
Ich sehe die glitzernden Sterne
und den vollen Mond in der Nacht!
Ich werde hineingezogen in die Größe des Alls
und ahne die unendliche Weite der unendlichen Universen.

Wer bin ich angesichts dieser unvorstellbaren Weite
des Kosmos?
Aber du denkst an uns Menschen,
kennst unsere Namen,
hast uns in das All gesetzt
als dein Bild und Gleichnis,
als solche, die sich an deiner Stelle für das Universum sorgen
sollen,
als Gärtner/innen der Erde
als Hüter/innen des Bodens
als Anwälte/innen des Lebens.
Nach Ps 8

27 Mensch,
fürchte dich nicht,
hab keine Angst!
Wenn dich auch Dornen umgeben
und du auf Skorpionen sitzest –
hab keine Angst und erschrick nicht
vor einem widerspenstigen Volk.
Sag, was du sagen musst!
Und setz dich ein

für das, was Leben bringt!
Nach Ez 2,6

28 Heute – Wort Gottes!
Heute sage ich euch:
Ich habe über das ganze Universum
das Himmelszelt gespannt und die Sterne daran gehängt.
Ich habe die Sonne zum Lichtdiamanten geschnitten.
Ich habe den Tag aus der Nacht gerissen.
Ich habe alles erschaffen – und es ist schön!
Denn aus meinen Händen ist alles hervorgegangen.
Aber was ich vorziehe,
– Wort Gottes! –
das sind die Frauen und Männer,
die Kinder,
das seid ihr!
Denn aus meiner Liebe seid ihr geboren.

29 Ich habe die Ozeane aufgerollt
und die Länge der großen Ströme.
Ich hab die Ebenen ausgebreitet,
dass sie Korn tragen und Reben.
Ich habe die Berge geformt,
dass sie in die Höhe locken.
Ich habe das Wasser der Seen beruhigt und geglättet,
denn Spiegel müssen sein
in den Wäldern.
Ich habe Quellen gepflanzt,
dass das Leben tanzt
in den Venen der Erde.
Ich habe alles geschaffen – und es ist großartig!
Denn aus meinen Händen ist alles hervorgegangen.
Aber – Wort Gottes! –,

was ich vorziehe, meine Freude,
das ist das Lächeln der Lebenden,
das selbstlos gegebene.

30 Ich kenne die Unendlichkeit.
Ich kenne die Reinheit
und das unzugängliche helle Licht:
Ich habe sie gemacht!
Ich weiß, was groß ist,
denn ich habe das Universum geschaffen!
Ich kenne die Schönheit,
denn ich habe sie gestaltet.
Aber was ich vorziehe,
meine Freude, meine Liebe,
was ich vorziehe,
– Wort Gottes! –
das sind die Lebenden!
Alle!
Das sind die Männer und Frauen,
denn sie legen in die Welt die Zärtlichkeit.
Das sind die Kinder,
denn sie sind die Frische der kommenden Welt.
Was ich vorziehe
– Wort Gottes! –
was ich auf der Erde und im Himmel vorziehe,
das ist der Gesang der Lebenden,
der den Tod und die Zeit herausfordert.

31 Was ich vorziehe
– Wort Gottes! –
das seid ihr.
Ihr alle!
Was ich vorziehe ...

Euch beim Namen zu rufen.
Und in der Melodie eures Namens
singe ich all meine Liebe als Gott!
Kommt zu mir!
Ihr alle,
ihr seid die Gesegneten meiner Liebe.
Mein Leben fließt in euch
wie eine sprudelnde Quelle.
Kommt zu mir: Ich liebe euch!
ihr seid, alle,
die Kinder meiner Zärtlichkeit.
Wort Gottes!

AUGUST

1 In einer Franziskuspredigt unterscheidet Matthäus von Aquasparta, einer der großen Franziskanertheologen des 13. Jahrhunderts, die Geschöpfe wie folgt:
Geschöpfe, die bloß da sind: Mineralien, Steine, Felsen, Berge, Sterne, Sonne und Mond, Wind und Wasser, Feuer und Erde, Salz und Eisen, Sand und Meer ...
Geschöpfe, die da sind und wachsen: Blumen, Kräuter und Gräser, Bäume, Sträucher und Büsche, Zellen, Keime und Knospen ...
Geschöpfe, die da sind und wachsen und fühlen: Tiere des Feldes, der Luft und des Wassers, die kleinsten Zelleinheiten und die kompliziertesten Lebewesen ...
Geschöpfe, die da sind und wachsen und fühlen und denken: der Mensch, Mann und Frau, Kind und Greis.
Mit anderen Worten: Wir Menschen sind nicht aus anderem Holz geschnitzt als die anderen Geschöpfe. Der Stein ist auch in uns und auch der Baum und der Adler sind in uns. Wir haben alles in uns – und jedes Mal, wenn etwas aus der Schöpfung verschwindet, werden wir weniger. Wir vernichten, was wir sind, wenn wir die Natur vernichten ... Dass dem so ist, müssen wir erkennen, weil es ja unser Denken ist, nicht einfach die Seele, sondern die Vernunftseele, die uns von allem anderen unter-

scheidet. Die Gemeinsamkeit, die Kommunion der Geschöpfe nicht wahrzunehmen, ist darum gerade der Beweis, dass wir weit hinter dem zurückbleiben, was wir sind.

2 Höchster allmächtiger guter Herr,
Dir sei das Lied, die Herrlichkeit, die Ehre
und aller Segen.
Dir allein Höchster kommen sie zu.
Kein Mensch ist würdig Dich zu nennen.
Aus dem Sonnengesang des heiligen Franziskus

3 Mit allen Geschöpfen verbunden, will sich Franziskus dem Schöpfer des Himmels und der Erde lobend und preisend zuwenden. Der Dichter, der Franziskus ist, verdichtet, verwesentlicht die Dinge. Nicht im endlosen Aufzählen zeigt sich die dichterische Kraft, sondern in der Konzentration auf das Wesentliche. Darum greift Franziskus zur antiken Elementenlehre. Danach besteht alles, was ist, aus bloß vier Elementen: aus Luft, Feuer, Wasser und Erde – und je nachdem, welches Element vorherrscht, ist es dies oder dann eben etwas anderes.
Das gilt auch für den Menschen. Deswegen sagen wir heute noch von einem Menschen, der ganz sich selber ist: »Er ist in seinem Element.« Aber welches ist »mein« Element? – Ich kann es erkennen, wenn ich mich den Elementen aussetze, wenn ich der Schöpfung begegne. Ich kann sogar regenerieren und heil werden, wenn ich mich den Wirkungen der Elemente aussetze, wie wir heute wieder neu entdecken.

4 Lob sei dir, mein Herr, mit Deiner ganzen Schöpfung,
vor allem mit dem Herrn Bruder Sonne.
Er bringt uns den Tag
und spendet uns Licht.
Schön ist er

und strahlend mit großem Glanz,
von Dir Höchster ein Zeichen.
Aus dem Sonnengesang des heiligen Franziskus

5 Sonne
ich streck mich dir entgegen
wärm mich
bestrahl mich
umhüll
durchdring mich mit Licht
und lass mich Sonne sein

6 Lob sei Dir, mein Herr, durch Schwester Mond
und die Sterne.
Am Himmel formtest du sie
glänzend kostbar und schön.
Aus dem Sonnengesang des heiligen Franziskus

7 Wie der Mond
bin ich
heut so – morgen anders
nehme zu – und nehme ab
bin leer – bin voll
bedrohlich – und entzückend
heut so – morgen anders
lass mich Licht sein in der Nacht
so oder anders

8 Lob sei Dir, mein Herr, durch Bruder Wind
durch Luft und Wolken,
durch heiteres und jedes Wetter.
Durch sie gibst Du Deiner Schöpfung Leben.
Aus dem Sonnengesang des heiligen Franziskus

9 Wind, Energie, Kraft
ich will dich spüren
außen:
auf der Haut
und in den Haaren
innen:
in meinem Herzen
und in meinen Händen
Stürm um mich
Beweg mich
Beflügle mich

10 Lob sei Dir, mein Herr, durch Schwester Wasser.
Sehr nützlich ist sie,
demütig, kostbar und rein.
Aus dem Sonnengesang des heiligen Franziskus

11 Wasser
will ich sein
klares, reines Wasser
In die Tiefe will ich streben
nach unten fließen
wie alles, was demütig ist
und wahr
Erfrischen will ich
mich vergießen
wie alles, was lebendig ist
und liebt

12 Lob sei Dir, mein Herr, durch Bruder Feuer.
Durch ihn ist die Nacht erhellt.
Schön ist er, freundlich, kraftvoll und stark.
Aus dem Sonnengesang des heiligen Franziskus

13 Feuer und Flamme
seid in mir
Glut der Liebe
glüh in mir
Fackel der Hoffnung
brenn in mir

14 Lob sei Dir, mein Herr, durch unsere Schwester
Mutter Erde.
Sie belebt und lenkt uns,
sie erzeugt viel Früchte,
farbige Blumen und Gräser.
Aus dem Sonnengesang des heiligen Franziskus

15 Erde
will ich sein
bereit für den Samen
übersät von Blumen und Kräutern
voll Leben
aber auch brachliegen darf ich
ruhen
bis es Zeit wird
für neues Leben

16 Lob sei Dir, mein Herr, durch jene,
die um Deiner Liebe willen vergeben
und Schwachheit und Not ertragen.
Selig, die ausharren in Frieden.
Du, Höchster, wirst sie krönen.
Aus dem Sonnengesang des heiligen Franziskus

17 Lieben will ich
und Frieden bringen

Vergeben will ich
und Brücken schlagen
Zärtlich sein
will ich
und alles Schwache verwandeln.

18 Den Tod
will ich annehmen
jetzt schon,
in jungen Jahren
damit ich frei werde
und mich geben kann
Hingeben
wie das Weizenkorn
sich
in die Erde gibt

19 Lob sei Dir, mein Herr,
durch unsere Schwester, den leiblichen Tod.
Kein lebendiger Mensch kann ihr entrinnen.
Weh denen, die in tödlicher Schuld sterben.
Selig, die sie findet in Deinem heiligsten Willen.
Der zweite Tod tut ihnen nichts Böses.
Lobt und segnet meinen Herrn,
dankt und dient ihm in großer Demut.
Aus dem Sonnengesang des heiligen Franziskus

20 Der Sonnengesang besingt die Geschwisterlichkeit: Alles, was ist, hat ein Gesicht; zeigt sich und kann angeschaut werden; nimmt Beziehung mit jedem anderen auf, will in einem universalen Netz der Beziehung geborgen sein. Jedes Geschöpf erweist sich dem anderen als Bruder oder Schwester. Nichts ist von dieser allumfassenden Geschwis-

terlichkeit ausgeschlossen, jedes ist mit allem und alles mit jedem innerlich verbunden. Franziskus will uns befreien von der schrecklichen Wirklichkeit, in der jeder nur auf sich selbst bezogen bleibt, in der der Mann über die Frau und der Mensch über die Natur und jedes Geschöpf über das andere gesetzt ist, andere beherrscht und ausbeutet. Er singt uns hinein in eine Welt, in der es kein Oben und Unten mehr gibt, in der die Gegensätze versöhnt sind: Die Sonne wird zwar Herr genannt, aber »Bruder Herr« – die Brüderlichkeit soll das Herrsein adeln, wo es nicht ganz verschwindet; ebenso wird die Erde Mutter genannt, aber »Schwester Mutter« – die Schwesterlichkeit soll das Verzehrende, Bindende der Mütterlichkeit mit zarter Hand wegdrängen und der freigebenden Liebe Raum schaffen. Es gibt nur noch das Gegenüber, die gleichwertige Beziehung, die Zuwendung. Geschwisterlichkeit wird zum Grundwort, ja zur rettenden Vision.

21 *Wer bist du?*
Feuer und Flamme?
ein Fisch im Wasser?
ein Vogel im Wind?
Bodenständig, erdenschwer?

Blitz und Donner?
ans Wasser gebaut?
vom Winde verweht?
ein Schlange, die auf dem Boden kriecht?

22 Das Wesen der Schöpfung ist so sehr Beziehung, dass nicht nur jedes Geschöpf davon erfasst ist, sondern auch die Schöpfung im Ganzen. Immer wieder sind die Dinge mehr als das, was sie sind. Hinter jedem einzelnen Ding steht eine unendliche Weite, von der es zeugt und auf

die es hinweist. Und das All ist das Universum nur dann, wenn es mehr als alles ist. Mit anderen Worten: Die Welt hat nicht genug an sich selbst, ja, sie würde zugrundegehen, wenn da nicht noch das Geheimnis wäre, das allem innewohnt und gleichzeitig alles unendlich übersteigt.

23 Das christliche Glaubenszeugnis verkündet Gott als Geheimnis, das nicht nur im Hinblick auf den Menschen Beziehung ist, sondern auch innerhalb seines eigenen Wesens. Einfach die menschliche Erfahrung von Mann und Frau in das Geheimnis Gottes einzuzeichnen, ist viel zu wenig. Gott ist nicht nur ein Paar, wie einige heute behaupten, er ist dreifaltig, wie wir glauben: ein lebendiges Ich, das einem ebenso lebendigen Du gegenübersteht, und die Einheit, die aus der gegenseitigen Liebe entspringt, das Wir, das daraus entsteht, ist so dicht und so kompakt, dass es wesentlich ist, nicht zurückgenommen werden kann, sondern dem Ich und Du Gottes stets innewohnt; die zärtliche Umarmung kann sich nicht auflösen, der Kuss seine Innigkeit nicht verlieren. Umarmung und Kuss ist das Wesen Gottes selbst.

24 Der Mensch antwortet dem Geheimnis, das sich zur ganzen Schöpfung und zu den einzelnen Geschöpfen in Beziehung setzt. Das beginnt mit dem intuitiven Erahnen, dass jedes Geschöpf über sich hinausweist und gerade darin seine »Bedeutung« hat. Es setzt sich fort mit dem Staunen, für das es keine Selbstverständlichkeiten gibt, mit der Verwunderung, dass etwas so ist, wie es ist. Es intensiviert sich in dem, was man allgemein Gebet nennt: im Befragen des Geheimnisses, in der Anrufung, im stellvertretenden stillen Verwiesensein, im inständigen Herbeiwünschen der rettenden Gegenwart. Es tritt über sich hinaus im ekstatischen Jubel, im selbstvergessenen Lob Gottes, im nicht ab-

reißenden Dank der Schöpfung, in der hingegebenen Anbetung.

25 Der Mensch steht immer vor dem, was mehr ist als alles und mehr als jedes Ding. Alles ist Fragment, Sakrament, Symbol. Das heißt: Jeder Stein ruft, jede Blume kündet, jedes Tier spricht, jeder Mensch ist gesandt. Die Botschaft der Geschöpfe vernehme ich aber nur, wenn ich ganz und gar Ohr bin für das Einzelne, das mir begegnet; wenn ich das Einzelne in seinem Dasein und in seinem Sosein vernehme, wahr-nehme, im biblischen Sinn er-kenne: liebe, umarme, ins Herz schließe. Religion ist nicht Gottesbeziehung an der Schöpfung vorbei, auch nicht etwas, was gedanklich vor der Begegnung mit den Geschöpfen liegt, sondern etwas, was sich im konkreten Wahr-nehmen der Dinge ergibt.

26 Franziskanische Schöpfungsspiritualität hat notwendigerweise schwerwiegende Folgen für das Handeln des Menschen. Es geht darum, den Selbstwert jedes einzelnen Geschöpfes zu suchen und als erste Option in das verantwortliche Handeln aufzunehmen. Wir sollen das Antlitz der Geschöpfe sehen und in allem den Bruder, die Schwester erkennen. Es geht auch darum, den Symbolwert jedes einzelnen Geschöpfes zu suchen und als zweite Option in das Bewusstsein aufzunehmen. In beiden Fällen geht es um loslassen, stehen lassen, verzichten, um Behutsamkeit, Gewaltverzicht, die Haltung des Nichtverletzenwollens. Wir wollen das Geheimnis Gottes erkennen oder wenigstens erahnen, das in und hinter allem gegenwärtig ist.
Erst an dritter Stelle kommt dann der Gebrauchs- oder Nutzwert der Dinge. Dieser ist weitestgehend zu reduzieren und auf das unbedingt Notwendige zur Deckung der Grundbedürfnisse des Menschen zu beschränken.

27 *Tu etwas!*

Wag dich ins Freie
setz dich dem Wetter aus
fürchte nicht
Schnee und Sturm
Lass deine Haut
heiß werden und kühl
geschmeichelt und ausgepeitscht
Spüre das Keuchen
und den ruhigen Atem

28

Zieh die Schuhe aus
und die Strümpfe
geh barfuß
auf heiligem Boden
Lern den sanften Schritt
Oder leg dich nackt
auf die nackte Erde
einfach so ins kühle Gras
auf den Bauch auf den Rücken
Streck alle Viere von dir
Heb einen Stein auf
einen Wurm
bring das Kleine zur Geltung
Knet ein Stück Lehm
gib ihm Form und Gestalt

29

Zünd ein Feuer an
schau in die Glut
lass dich wärmen
allein oder mit anderen
erzählt euch Geschichten am Feuer
reicht euch die Hände

am Herd der Liebe
Hüt den Herd und das Feuer

30

Lass frisches Wasser fließen
auf deinen Puls
auf die Halsschlagader
auf die müden Füße
Leb einen ganzen Tag
nur von Wasser und Brot
Verfolg einen Bach zurück
bis zu seinem Ursprung
geh zur Quelle
trink Wasser
mit der hohlen Hand

31

Orientiere dich
Die Sonne geht im Osten auf
Oste dich
orientiere dich
suche Halt und Sinn
in dieser Welt:
Jesus von Nazaret
Sei wie die Kirchen
und schau in die Richtung
der aufgehenden Sonne
Erwarte das Licht des Morgens
des herandrängenden Tages

SEPTEMBER

1 *Vater unser im Himmel*
im Himmel bist du
weit weg
oft erfahren wir nichts von Dir
Du bist der Heilige, vor dem alle Welt sich beugt.
Scharen, Lichtgestalten, Mächte, Gewalten
unzählige Strahlen und Lichter umgeben Dich
und die ganze Welt wirft sich vor Dir nieder
und ruft
und schreit:
Herr, erbarme Dich.
Kyrie, Kyrie.

2 *Geheiligt werde dein Name*
Offenbare Dich
Zeige Dich
Lass Dein Licht leuchten
Sende uns Deinen Engel Uriel
den Engel, der nur Licht ist
den Engel mit den sieben Farben des Regenbogens
das warme und das kalte Licht:
die Sonne

und den Mond und die Sterne
Mache die Nacht zum Tag
und den Tag zum Lied:
Heilig, heilig, heilig.

3 *Dein Reich komme*
die Liebe vertreibe den Hass
das Leben den Tod
Küssen sollen sich
der Friede und die Gerechtigkeit.
Sende uns deinen Engel Gabriel
den Engel der Freude
des Lebens und der Kraft
den Engel, der Leben zeugt
den Heiligen Geist verkündet
einen neuen Menschen schafft
Lass den Menschen erstehen, in dem Du wohnst
die Gemeinschaft, in der Du die Mitte bist
Sei Du ein Gott, der uns nahe ist
in menschlichen Worten, Gebärden, Taten:
Ehre sei Gott in der Höhe.

4 *Dein Wille geschehe*
Dein Friede komme
Deine Gerechtigkeit breite sich aus
Deine Liebe setze sich durch
Deine Liebesmacht erfülle
Tag und Nacht
Morgen und Abend
jung und alt
gestern und heute.
Sende Deinen Erzengel Michael
den Engel, der das Gute will

den Engel mit dem Schwert in der Hand
den Engel, der Mut macht und zum Ziel führt
Richte den auf, der gefallen ist
Stärke den Rücken denen, die gebeugt sind
Lass uns aufstehen
in Leben und Kraft
in Zuversicht und Freude:
Die Himmel rühmen die Herrlichkeit Gottes.

5 *Gib uns heute unser tägliches Brot*
Heute – täglich – immer
Gib uns Brot
einen Kuss
eine Hand
ein Lächeln
heute – täglich – immer
unser Brot
Sende uns Deinen Engel Raffael
den Engel, der uns rettet
den Engel, der uns heilt
Verwandle den Stein in Brot
in Wasser und Wein
in ein Lachen, einen Kuss, eine Umarmung:
Menschen, die schenken, künden von Gott.

6 *Vergib uns unsere Schuld*
wie auch wir vergeben unseren Schuldigern
Kein Versagen soll andauern
kein Fehler Folgen haben
keine Schuld soll zur Last werden
Zerreiß die Kette des Versagens
verbrenn den Strafzettel
blas den Fluch in den Wind.

Send uns Deinen heiligen Engel Sariel
den Engel, der dem Versagen ein Ende setzt
den Engel, der vergibt und neues Leben schafft
Lass uns unsere Sünde bekennen
unsere Schuld anerkennen
unseren Schatten bejahen
Und nimm uns auf in Dein Erbarmen:
Lamm Gottes, das hinwegnimmt die Schuld der Welt ...

7 *Führ uns nicht in Versuchung*
sondern erlöse uns von allem Bösen
Nimm uns die Angst vor der Zukunft
die Angst vor Hölle und Tod
die Angst vor Gewalt und Zerstörung
die Angst, dass die Grundfesten der Erde zerfallen
und alles verschlingen
die Angst, dass der Himmel einstürzt
und alle zermalmt
Verschon uns von Katastrophen
vor verpestetem Öl und dem tödlich kalten Winter.
Send uns Deinen Engel Remiel
den Engel der Auferstehung
den Behüter der Seelen zwischen Tod und Leben
den Freund des aufrechten Ganges
und der unzerstörbaren Würde:
Denn Dein ist das Reich
die Kraft
die Herrlichkeit
in alle Ewigkeit
Amen, Amen, Amen.

8 Gott
Licht, selbst dann, wenn wir es nicht sehen

Leuchte den Engeln, damit sie uns finden
Dem Engel des Segens, dass er uns segne
dem Engel des sanften Windes, dass uns nichts schadet
dem Engel der Stille, dass uns nichts stört.

9 Sachverstand müsse man haben, wenn man zu ökonomischen Fragen etwas sagen wolle, und bescheiden sollten die Theologen sein, wenn sie das täten, schrieb einmal einer meiner wohlmeinenden Leser an den Verlag. Jesus muss demnach wohl Volkswirtschaft studiert haben, wenn er von der bösen Macht des Geldes spricht und von der Entscheidung, zu der der Mensch herausgefordert ist. Gott und Geld sind absolute Gegensätze: »Niemand kann zwei Herren dienen; er wird entweder den einen hassen und den andern lieben, oder er wird zu dem einen halten und den andern verachten. Ihr könnt nicht beiden dienen, Gott und dem Mammon« (Mt 6,24).
Eigentlich genügt ja schon die Lebenserfahrung, um dieses Wort zu verstehen. Das Geld kann eine solche dämonische Macht über den Menschen gewinnen, dass ihm alles untergeordnet werden muss: das eigene Leben, der Ehepartner, die Kinder. Die Habgier und das Raffen können so groß werden, dass jede menschliche Regung unterdrückt wird. Franz von Assisi, der Kaufmannssohn, hat wohl an sich selbst die dämonische Macht des Geldes erfahren; er entschied sich für Gott und mied das Geld wie den Teufel. Und Antonius von Padua ließ einem Geldmenschen die Brust öffnen, um zu zeigen, dass dieser dort, wo gewöhnliche Menschen ein Herz haben, einen Geldbeutel hatte.

10 Weder Franziskus noch Antonius mussten Ökonomie studiert haben, um sich berechtigt zu fühlen, zu Fragen des Geldes sprechen zu dürfen. Und sicher gehört auch der Prophet Amos nicht zu den Volkswirtschaftlern,

wenn er sagt: »Hört dieses Wort, die ihr die Schwachen verfolgt und die Armen im Land unterdrückt. Ihr sagt: Wann ist das Neumondfest vorbei? Wir wollen Getreide verkaufen. Und wann ist der Sabbat vorbei? Wir wollen den Kornspeicher öffnen, das Maß kleiner und den Preis größer machen und die Gewichte fälschen. Wir wollen mit Geld die Hilflosen kaufen, für ein paar Sandalen die Armen. Sogar den Abfall des Getreides machen wir zu Geld. Beim Stolz Jakobs hat der Herr geschworen: Keine ihrer Taten werde ich jemals vergessen« (Am 8,5–7).

Der Sabbat, die Herrschaft Gottes also, soll so rasch wie möglich beendet werden, die Feste des Menschen müssen unterbunden werden, alles muss zu Geld gemacht werden! Die Armen sind die Opfer, »Hobelspäne«, Abfall, der entsteht, damit die Wirtschaft floriert. Dies wird in Kreisen des sogenannten Neodarwinismus, unter Fachleuten der Wirtschaft also, sogar wörtlich so gesagt. Und da soll man als Theologe schweigen! Nein, das Geld ist, weil es sich eben als Gegenmacht Gottes etablieren kann und heute tatsächlich alle menschlichen Kräfte absorbiert, eine geistliche Frage.

11 Ich muss fragen dürfen: Dürfen die europäischen und nordamerikanischen Länder die Drittweltländer so melken, wie sie es tun? Dürfen sie wirklich zehnmal soviel Gelder aus ihnen herauspressen, wie sie Entwicklungshilfe leisten? Dürfen die sieben bis zehn reichsten Länder die Weltwirtschaft diktieren? Sie tun es, und weil sie es tun, muss ich Jesus und Amos, Franziskus und Antonius ins Spiel bringen dürfen.

Ich muss fragen dürfen: Dürfen die Banken tatsächlich solche Zinsen erheben? Der Zuwachs an Zinsgewinnen ist mehr als zwei- und dreimal so hoch wie das Wachstum des Bruttosozialproduktes bzw. der Löhne. Bis ins letzte Jahrhundert hinein war das Zinsnehmen in der Lehre der Kirche grundsätzlich unmoralisch. Ich gebe zu, dass ich bis vor kurzem zu denen gehörte, die der Meinung waren, das sei typisch für eine fortschrittsfeindliche Kirche. Heute weiß ich, dass »Geldvermehrung« und »Lebensintensität« Gegenpole sind. Die Kirche aber und der Theologe müssen das Leben fördern wollen.

12 In Assisi, an diesem Ort, an dem Franziskus die Wahl für Gott und gegen das Geld getroffen hat, habe ich zufällig eine Frau wieder getroffen: eine ehemals sehr angesehene Computerspezialistin und einst hoch bezahlte Betriebsorganisationsberaterin. Vor zwei Jahren hat sie sich aus ihrem Beruf verabschiedet. Sie hat eingesehen, dass dieses ganze System den Keim des Todes in sich trägt und für den Menschen letztlich nur tödlich sein kann. Ich diskutiere mit ihr über die genannten Fragen und über die Reaktion des wohlmeinenden Lesers. Wir fühlen uns eins. »Sie sind also ausgestiegen!«, sage ich. »Nein«, antwortet sie, »ich bin ins Leben eingestiegen!« Sie wagt von neuem die Alternative zum Mammon: Gott. Sie will sich in Assisi niederlassen und eine Lebensweise wagen, in der das Herz und das Leben, die Schwestern und Brüder, die Menschen im Zentrum stehen.

Ein eindrückliches Zeugnis, gewiss! Aber es müssen auch Institutionen und Strukturen geschaffen werden, in denen nicht das Geld, sondern das Leben das Sagen hat: alternative Banksysteme zum Beispiel. Die Franziskaner haben zum Beispiel die sogenannte »Monti di Pietà« gegründet, Banken, welche nicht auf dem Zinsnehmen beruhten. Alternative Politik zum Beispiel: eine Politik, die deswegen »christlich« genannt werden kann, weil sie sich der Dämonie des Geldes entzogen hat. Alternative Sozialpolitik zum Beispiel: eine Politik, welche wirklich den Menschen ins Zentrum stellt und das Geld wieder dem eigentlichen Zweck zurückgibt: das Wohl des Menschen zu fördern.

13 Wer nur abreißt,
verlernt das Aufbauen.
Wer nur konsumiert,
verbraucht sich selbst.
Wer nur zerstört,
zerstört sich selbst.
Ein Sterblicher
kann nur Totes hervorbringen.
Nur der Auferstandene
zeugt volles Leben.
Nach Weish 15,17

14 Ich stand einmal auf dem Berg La Verna, dem Ort, an dem Franziskus mit den Wunden Jesu gezeichnet wurde. Ich stand unten in den zerklüfteten, gespaltenen Felsen, mitten in der aufgerissenen Erde. Ein Sinnbild für den Zustand der Welt und der Seelen: aufgerissen, gebrochen, gespalten, voll Schmerz und voll Leiden. Osttimor, Kosovo, Dagestan, die Elendsquartiere, die Flüchtlinge, die unsinnigen Tiertransporte – der Schmerz der Welt. Und dann die Zunahme der seelischen Leiden, vor allem der Depressionen in unserer Gesellschaft – die aufgerissenen Seelen. Alles ist da anschaulich geworden in den zerklüfteten Felsen.
Etwas später stand ich in der Stigmatisationskapelle vor der großen Kreuzesdarstellung des Andrea della Robbia: die Sonne – ein von Schmerz zerrissenes Gesicht; der Mond – ein einziger Schmerzensschrei; Engel mit einer unendlichen Trauer, einer von ihnen verdeckt sein Gesicht, um den Schmerz nicht so offenkundig zeigen zu müssen; und dann Maria: versunken im Leid; Johannes enttäuscht, andere Heilige – unter-

schiedlich in Gestalt, aber immer nur eines: unüberwindlicher Schmerz! Und dann unten eine Inschrift, ein Satz aus den alttestamentlichen Klageliedern: »Oh ihr, die ihr vorübergeht, seht, ob ein Schmerz ist wie meiner« (Klgl 12,1), eine einzige Einladung, sich auf den Schmerz und das Leid einzulassen, die uns auf so eindrückliche Weise vorgestellt werden. Anders gesagt: eine Einladung, einen Bezugspunkt zu finden für das Leid und den Schmerz der Welt.

15 Klara von Assisi hat diese Einladung angenommen. In ihrem vierten Brief an Agnes von Prag hört sie den Gekreuzigten Jesus rufen: »Oh ihr, die ihr vorübergeht, seht, ob ein Schmerz ist wie meiner«, und dann schreibt sie weiter: »Lasst uns dem Rufenden und Weheklagenden mit einer Stimme und einem Geist antworten …« Der leidende Jesus verlangt unsere Antwort, das Mitempfinden und das Mitleiden. Der Gekreuzigte war der Ort, wie der weitere Verlauf des Briefes zeigt, an dem Klara das »Feuer ihrer mitleidenden Liebe« entzündete.
Das gilt in gleicher Weise auch für Franz von Assisi. Seit der Begegnung mit dem Gekreuzigten in San Damiano war ihm der leidende Christus der Bezugspunkt für alles Leiden der Welt. Das Leiden des Wurmes im Staub der Straße – das Leiden, das der Stein wegen des zu harten Auftritts des Menschen empfindet – das Leiden des Tieres, das gefangengenommen wird oder geschlachtet werden soll, das Leiden des fiebergeschüttelten Bruders, das Leiden des verstoßenen Aussätzigen – alles Leiden war im Leiden des Gekreuzigten verdichtet, aufgegipfelt, zusammengeballt anzuschauen. Der Gekreuzigte – eine einzige Einladung, den Schmerz und das Leiden zu sehen, nicht wegzuschauen, sondern hinzuschauen, auszuhalten, mitzuleiden, das fremde Leiden als das eigene Leiden zu leiden. »Oh ihr, die ihr vorübergeht, seht, ob ein Schmerz ist wie meiner.«

16 Auf dem Altar in der Stigmatisationskapelle steht dann auch noch eines der großen Wiederholungsgebete des heiligen Franz: »Deus meus et omnia! – Mein Gott und das Universum!« Seit vielen Jahren sehe ich in diesem Gebetsruf einen Ausdruck jenes Gebetes, das sich dem biblischen Gott verpflichtet weiß. Unser Gott ist der intime Gott des Herzens – er ist aber auch immer der Gott des Weltalls. Er ist die tiefste Erfahrung der Seele, aber auch das Geheimnis, das die ganze Schöpfung durchdringt. Wer im biblischen Sinn Gott sagt, sagt immer auch Kosmos, Geschichte, Weltall. Wer so betet, weitet sich in die Weite der Welt. Das gilt nicht nur im Sinne einer Spiritualität, welche das Weltall als Werk Gottes betrachtet. Das gilt ebenso für jene Welt, die zerklüftet, gespalten, gebrochen, zerrissen ist. Wer so betet, fügt sich ein in die endlose Geschichte des menschlichen Leidens und der Schuld.

17 Ich nehme an, dass Franziskus das Gebet auf folgende Weise gebetet hat: Mit seiner ganzen Seele, mit aller Kraft des Herzens streckt sich Franziskus mit der ganzen Länge seines Leibes diesem Gott entgegen, indem er »Deus«, »Gott« ruft. Er singt oder schreit dieses »Deus« in die Unendlichkeiten Gottes hinein, in das Geheimnis, das ihn unendlich übersteigt.

18 Und dann holt er seine Hände aus den Unendlichkeiten Gottes zurück und legt sie auf seine Brust und sagt: »meus«, »mein«. Ja, dieser Gott ist sein Gott, unser Gott. Er ist der Abba, der Vater, der uns nahe ist, die Mutter, die ihren Schoß für uns öffnet, sich uns barmherzig erweist. Dieser nahe, Leben spendende, barmherzige Gott erfüllt »mein« Inneres, er beglückt mich, er beseligt mich, in seinem Schoß, in seiner Barmherzigkeit bin ich geborgen –

fühlt Franziskus. Und vielleicht vermögen wir, es ihm nachzufühlen.

19 Aber nicht nur er, nein, alle seine Schwestern und Brüder, die ganze Welt, alles, was ist, ist ans Herz Gottes gedrückt, alles Leid der Welt angenommen. Franziskus wendet sein offenes Herz der ganzen Menschheit, dem Kosmos zu. Und so weitet sich das Herz, der Leib in die Weite der Welt. Er breitet die Arme aus – genauso wie sie Jesus am Kreuz ausbreitet für die ganze Welt. Und die ganze Schöpfung und aller Schmerz in ihr, alle Schuld ist gegenwärtig, und alles Leid ist da – in der konkreten Leibhaftigkeit des Franziskus. Franziskus leidet das Leiden der Welt – zusammen mit dem, der am Kreuz hängt. Und plötzlich steht er da, der Franziskus – gezeichnet mit den Wunden Jesu, dem Leiden der ganzen Welt.

20 Mit Ehre
hast Du den Menschen überhäuft
und mit Glanz.
Du hast ihm göttliche Würde gegeben:
Zum Hirten des Seins hast Du ihn gemacht
und zum Hüter des Lebens.
Alles soll er umsorgen:
die Mitmenschen
die Tiere des Feldes
die Fische des Meeres
die Vögel des Himmels
Himmel und Erde
und alles, was Du geschaffen hast.
Nach Ps 8,6–9

21 Wie ein Hirt
sich kümmert um die Tiere,
die sich verirrt haben,
so kümmere ich mich
um meine Schafe.
Ich hole sie zurück
von all den lebensbedrohlichen Orten,
aus allen dunklen Nächten.
Und du bist
mein suchendes Auge,
meine sanfte Hand,
meine lockende Stimme,
mein sorgendes Herz.
Nach Ez 34,12

22 Gott
Liebe, die verbindet:
Lass uns empfänglich sein für Deine Liebe
und wir werden fähig,
unsere Beziehungen liebevoll
und friedlich zu gestalten

23 Zuckerwasser ist das Hohelied der Liebe, das Paulus an die Gemeinde in Korinth schreibt (1 Kor 13) gewiss nicht, besonders wenn wir den Kontext beachten, in dem es steht. Im Grunde handelt es sich um die schärfste und gewaltigste Kirchenkritik, die man sich denken kann. Paulus fordert hier Wertmaßstäbe zurück, die der Kirche von Korinth abhanden gekommen sind.
Angesprochen sind zunächst jene, die man heute mehr als andere »Charismatiker« nennt: Menschen, die an den obersten Rändern des Menschlichen angesiedelt sind; Ekstatiker, die ganz und gar in Gott aufgehen, die wunderbar beten und

singen können; Entrissene und Entzückte, die stundenlang tanzen und jauchzen, die in langandauernden Gottesdiensten selbst- und weltvergessen Gott anheimgegeben sind; Männer und Frauen, welche nicht genug haben an den menschlichen Möglichkeiten des Sagens und Sprechens, die dann – statt zu verstummen – die Laute verkosten und die Ausdrucksmöglichkeiten nach oben und unten unendlich ausdehnen; die nur noch Lallen sind und mit der Zunge schnallen; so sehr, dass normale Menschen verwundert, staunend oder auch schockiert danebenstehen; Korinth ist voll von solchen »Charismatikern«, »Geisterfüllten«, »Mystikern«. Paulus selbst zählt sich zu ihnen. Aber er schleudert ihnen gleichzeitig seine Kritik entgegen: Nichts ist das, wenn es sich absolut setzt; eine kaputte Glocke, kreischendes Blech, ohrenbetäubender Lärm, wenn es sich nicht in das übergreifende Geheimnis der Liebe einbettet. Es gibt noch mehr, Anderes, Größeres, Höheres, Umfassenderes als Sprachengabe und Engelszungen!

24 Angesprochen sind Frauen und Männer, welche voll im Leben und mit beiden Füßen in der Wirklichkeit stehen. Sie können die Wirklichkeit analysieren, deuten und erforschen, bis in die letzten Sinnecken hinein ausleuchten und zur Sprache bringen, durchdringen und verändern. Ihr Glaube führt sie nicht aus der Welt hinaus, sondern in sie hinein: Sie sind durch Gott tüchtig geworden, innerlich ermächtigt, ihre Theologie ist nicht fundamentalistisch, sondern befreiend. Sie vertreten und praktizieren eine Art »Politische Theologie«. Paulus selbst zählt sich zu ihnen. Aber er schleudert ihnen gleichzeitig seine Kritik entgegen: Nichts ist das, wenn es sich absolut setzt. Es gibt noch mehr, Anderes, Größeres, Höheres, Umfassenderes: das übergreifende Geheimnis der Liebe, in das wir uns einbetten sollen,

der alle und alles umfassende Bund, in den wir hineinwachsen müssen. Wo dies nicht geschieht, läuft man ins Leere!

25 Angesprochen sind Menschen, die scheinbar oder wirklich immer das Wohl der anderen im Auge haben; Mütter, die völlig aufgehen für ihre Kinder; Väter, welche kaputtgehen, weil sie sich abrackern müssen für die Familie; die Maximilian Kolbes, welche ihren Tod anbieten, damit ein anderer mit dem Leben davonkommt; die vielen tausend Menschen, welche die sogenannte »Option für die Armen« getroffen haben, die alles aufgeben: Sicherheit, Rückhalt, Geborgenheit, Besitz, um mit den Armen und unter den gleichen Bedingungen wie sie zu leben; die »Befreiungstheologen«, die sich durch ihre gefährlichen Positionen Attentaten, Mordanschlägen aussetzen.
Es ist – zugegeben! – schwierig, sich vorzustellen, dass ein solches Tatchristentum sich ohne Liebe vollziehen kann. Und doch will Paulus auch diese schreckliche Möglichkeit ausloten, wohl deshalb, weil auch er sich dazu zählt, zieht er es doch vor, selbst in alle Ewigkeit verloren zu gehen, wenn nur alle anderen gerettet werden. Aber ist es denn wirklich Liebe, die hinter solchen Taten steht? Oder sind es nicht vielmehr Geltungs- und Profilierungssucht, das aufgeblasene Ich, Überheblichkeit und Stolz? Sind das nicht die raffiniertesten Motive, die es gibt, Motive, die sich sogar hinter den edelsten Taten verstecken können? Paulus stellt fest: All die großen Taten sind Schaum und Rauch, nichts, absolut nichts, wenn sie nicht in wirklich selbstloser Liebe getan sind. Und darum ruft Paulus auch ihnen zu: Setzt eure Taten nicht absolut, relativiert alles auf die Liebe hin, bettet euch in das übergeordnete Ganze, lasst euch vernetzen im Bund der Liebe! Sonst seid auch ihr nichts als Verwesung, Sand, der verweht, nichts!

26 Die Liebe, die Paulus meint, ist etwas ganz anderes als das, was wir gewöhnlich unter Liebe verstehen. Das zeigt sich schon an der Tatsache, dass Paulus ein Wort wählt, das den Menschen von damals unbekannt war. Wie wollen wir also verstehen, was er meint, wenn wir das Wort gebrauchen, das heute in aller Munde ist?
Für uns ist Liebe oft gleichbedeutend mit sexuellen Akten. Nun ist es natürlich auch meine Hoffnung, dass Sexualität eine der schönsten Ausdrucksformen, eine vorzügliche Sprache der Liebe ist.
Für uns ist Liebe oft der besondere Blick, den zwei Wesen füreinander haben, die erotisch bedingte Anziehung, die Nähe schafft. Nun ist natürlich auch das ein Ort, an dem Liebe, wie sie Paulus versteht, erfahren wird.
Für uns ist Liebe oft die freundschaftliche Beziehung, welche ihre Wurzel vor allem im Geistigen hat. Und auch darin zeigt sich möglicherweise und hoffentlich das, was Paulus mit Liebe meint.

27 In diesen drei Fällen kann sich echte und wahre Liebe zeigen, aber es ist auch möglich, dass sie aus der Geschlechtlichkeit, aus der Erotik, aus der Freundschaft verbannt ist. Paulus führt darum ein anderes, bisher unbekanntes Wort ein: »Agape«. Agape/Liebe – nichts anderes als Gott selbst, seine Zuneigung zu uns Menschen; Agape ist eigentlich nichts anderes als die Art und Weise, wie sich Gott zur ganzen Schöpfung verhält. Agape zeigt sich in der Biografie Jesu, in seiner Menschwerdung, in seinen Worten und Taten, in seiner Hingabe am Kreuz, in seinem Sichweggeben in die Herzen der Menschen hinein. Agape ist Gott selbst, der in den Herzen der Menschen anwesend ist, als bewegende Kraft, als Dynamik des Geistes, als Energie der Seele, als tragendes Motiv für das Handeln.

28 Die Liebe ist darum das eigentliche Subjekt des Handelns. Sie ist es, die da ist und wirkt, die mitten im Alltag einer anderen Logik folgt, nicht der Macht, sondern der Demut: Sie bläht sich nicht auf, sondern nimmt sich zurück. Die Liebe ist es, die trägt, glaubt, hofft, sich freut, allem standhält, sogar auf eine Weise, wie sie unser Vermögen bei weitem übersteigt.

Das ist eine revolutionäre Kraft, Gott selbst, der alles in Frage stellt und auf den hin alles in Bewegung geraten muss: die ganze Kirche, die Mystiker, die Politiker und die Märtyrer; die Charismatiker, die Theologen und die Radikalen. Ja, die Kirche wird erst dann Kirche, wenn sie sich darstellt als »Liebesbund«, als Verbindung aller mit allen, jedes Einzelnen mit jedem, als Raum der Liebe, wo niemand am Rande steht, keiner verachtet ist und jedes Geschöpf voll und ganz zur Geltung kommt.

Wo man sich dieser Dynamik überlässt, beteiligt man sich an einem faszinierenden Projekt, am Reich Gottes – und das ist mehr als Lallen im Gottesdienst, mehr als das Tatchristentum und sogar mehr noch als das Martyrium. Wo Gottes Liebesdynamik gegenwärtig ist, da entsteht der Himmel. Denn mehr und anderes als die Liebe gibt es nicht!

29 Verschlungen
und vernichtet
ist der Tod
vom Leben.
Tod,
wo ist dein Sieg?
Tod, wo ist dein Stachel?
Nun sind wir angestachelt
vom Leben
zum Leben

– und von der Liebe
umschlungen.
Nach 1 Kor 15,54f/Jes 25,8

30 Gott ruft:
Weshalb gibst du mir,
was mir schon gehört:
Berge und Täler,
Tiere und Blumen,
Brot und Wein.
Gib mir doch dein Herz!
Und ich geb dir meines!
Nach Ps 50,7–15

OKTOBER

1 Gott
Du willst, dass wir zur Einheit finden
Du und ich
Ich und die Meinen
Wir und die andern
Die ganze Welt
Öffne uns für Deinen Plan
Und mach uns zum Werkzeug des Friedens

2 Paradox, zu sagen, was Stille ist in Worten von A bis Z
Abendstille:
dasitzen
den Tag verklingen lassen
den länger werdenden Schatten nachschauen
und die Nacht erwarten
mit Geduld.

3 *Beten*:
das Herz in die Stille halten
sich ausstrecken nach dem, was rettet
wortlos schreien
in Sehnsucht.

4 *Christus*:
das Wort Gottes hören
nicht reden, sondern schweigen
still werden, immer mehr, und lauschen
damit er zu Wort kommt
mit Kraft.

5 *Du*:
nur dieses eine Wort sagen
vorher und nachher seinen Klang hören
ihn kosten
mit Liebe.

6 *Erde*:
das Ohr in die Erde pressen
und das uralte Lied vernehmen:
Du bist geformt aus Erde,
Staub, der zerrinnt,
aber zusammengehalten
vom Atem des lebendigen Gottes.

7 *Frieden*:
dem Frieden zuliebe nicht einfach schweigen,
sondern das Wort wägen
in der Ruhe des Herzens.

8 *Garten*:
mit offenem Herzen
durch den Garten gehen
die Gräser bestaunen, die Erde riechen
in den Kelch einer Blume schauen
und mich hineingießen
mit Freude.

9 *Hirt und Herde*:
den Blick ruhen lassen auf Hirt und Herde
in mich gehen und etwas spüren
von Sorge, Geborgenheit und Liebe
das Bild mit mir tragen
und abrufen
von Zeit zu Zeit.

10 *Inti reimi*,
die winterliche Sonnenwende der Inkas:
mich aufbäumen mit der ganzen Erde
und die weggehende Sonne bestürmen
zu den Menschen zurückzukehren
und zu bleiben
als Licht und als Wärme.

11 *Kirche*:
mich ziehen lassen
nach oben und nach vorn
von schwebenden Gesängen und lockenden Verheißungen
erfahren, dass alles schon da ist
wie Brot und Wein.

12 *Licht*:
das flutende, fließende Licht suchen
mit geschlossenen Augen
mit liebendem Herzen
das Schloss aufbrechen, das davor ist
mit der Gewalt der Stille.

13 *Mütterlichkeit*:
mich selber in die Arme nehmen
mir selber zuhören

mich stillen
wie die Mutter das Kind.

14 *Nacht*:
stehen bleiben
die Sterne bestaunen
mich einhüllen lassen vom Schleier der Nacht
von der rauschenden Ruhe
mich dem Geheimnis überlassen,
von dem sie kündet
in wortgewaltiger Stille.

15 *Ostern*:
durch die Nacht des Todes hindurchgehen
und die stille Botschaft hören:
Ich will, dass du lebst! Lebe jetzt,
jeden Augenblick!

16 *Paar*:
die Einsamkeit aufbrechen
in die Tiefe der Schöpfung hineinfühlen
erkennen, dass eins zum andern kommt
das Ich zum Du
und das Du zum Ich
spüren, wie alles verbunden ist
in Freundschaft und Liebe.

17 *Qua, qua*:
die Welt als Anruf verstehen
als Stimme und Wort
die Vögel verstehen
die Botschaft der Krähe:
Qua, qua! Hier, Hier!

nicht dann erst leben, nicht dort,
sondern jetzt, hier!

18 *Reisen*:
neue Bereiche erschließen, andere Länder sehen
neue Möglichkeiten ertasten
mich selbst finden
aber die Worte und Sätze zu Hause lassen
die heimatlichen Vorurteile und Bilder vergessen
schweigend offen sein
wie ein Film, der jedes Bild aufnimmt
in seiner Einmaligkeit.

19 *Schweigen*:
schweigen so viel wie möglich
reden so viel wie nötig
dem Wort das Schweigen
und dem Schweigen das Wort geben
in jeder Begegnung.

20 *Tod*:
den Tod mit Stille umgeben
ihn mit Ehrfurcht benennen
nur das sagen, was ich sagen kann
mich neigen
in beredtem Schweigen.

21 *Unterführung*:
in einer Unterführung stehen bleiben
mir bewusst machen,
was darüber ist und was darunter
und wo und wer ich bin
in Wahrheit.

22 *Vorfahren*:
in die Reihe der Generationen treten
den Vater hören und seinen Vater und dessen Vater
die Mutter und ihre Mutter und deren Mutter
mich betten in den Fluss der Geschichte
und mich tragen lassen
in das Land der Verheißung.

23 *Welt:*
in die Weite der Welt hinaustreten
die Arme ausstrecken und alles umarmen
das Herz drücken an alles, was lebt
und alle ungesagten Worte zusammenraffen
in einen stillen Akt der Liebe.

24 *Xanten*:
Ad Sanctos, bei den Heiligen wohnen
alle Worte zurücknehmen
mit sanften Schritten gehen
die Schuhe ausziehen
das Allerheiligste betreten
es hüten und schützen
in mir.

25 *Y-Greque*, das griechische I:
nicht ein I für ein U ausgeben
stumm und still das Schimpfwort hören:
Gringo, Grieche, Fremder, der nichts versteht
es erleiden, es annehmen, bejahen
mit Schmerz.

26 *Zählen*:
aufhören

mit dem Zählen der Taten und Worte
mit dem Rechnen und Buchhalten
mit dem Malen von Kreuzen an die Wand für jede gute Tat
fraglos mich zuwenden
gratis geben, umsonst leben.
still und verborgen
in schlichter Einfachheit.

27 Nach dem Maß,
mit dem ihr messt und zuteilt,
wird euch zugeteilt werden,
ja, es wird euch noch mehr gegeben.
Darum seid nicht kleinlich,
sondern großzügig,
nicht geizig,
sondern überfließend gut,
nicht eng,
sondern weit!
In dem Maß,
wie ihr Leben ermöglicht,
werdet ihr lebendig.
Nach Mk 4,24

28 Für uns ist ein Lehrer einer, der dieses oder jenes weiß und der es uns in ein paar Lektionen beibringen kann. Ganz anders ist Jesus Lehrer: Er verkörpert den letzten Sinn, versinnlicht den letzten Hintergrund der Welt, das, worum es sich zu leben lohnt, er veranschaulicht die Hingabe, die totale Verausgabung, die radikale Liebe Gottes für uns Menschen. Das kann man nicht in ein paar Lektionen lernen. Diesen Lehrgang kann man nicht mit einem Doktorat oder einem Diplom abschließen, das ist nicht eine Frage der Theorie, der Dogmen, der Theologie, nicht etwas, was in

Büchern steht, auch nicht in den heiligsten, der Bibel oder dem Römischen Weltkatechismus. Das kann man nur erfahren, erleben, darauf kann man sich nur mit ganzem Herzen und bis in jede Faser einlassen. In das, was Jesus zu sagen hat, kann man sich nur »hineinbergen«, hineinbegeben. Darum fragen die Jünger: Wo wohnst du? Darum gingen sie mit ihm, darum machten sie ihre Augen auf, um hinzuschauen, durchzublicken – und sie blieben bei ihm.

29 Nicht Bücher müssen wir also den Menschen in die Hand geben, sondern Erfahrungsfelder, Wohnungen, in denen das Leben zu Hause ist, ein Haus voll Licht und Liebe, menschliche Beziehungen, die tragen. Auch das ist es, was Kirche sein könnte: ein Ort, wo man Erfahrungen macht, in die Tiefe des Lebens blicken kann und zu Hause ist; nochmal anders gesagt: ein Ort, wo man den Sinn des Lebens und das Leben selbst erlernen kann!

30 Freundschaft könne nicht geplant und durch nichts erkauft werden, sagt Simone Weil. Sie ist »eine Freude, die unentgeltlich zuteil wird, wie die Freuden der Kunst oder des Lebens … Sie gehört der Ordnung der Gnade an … Sie gehört zu jenen Dingen, die man als Dreingabe erhält … Sie ist ein Wunder wie das Schöne. Und das Wunder besteht einfach in der Tatsache, dass sie existiert.«

31 Zwei Welten kommen da im Menschen zusammen: die Welt, die uns ganz und gar bestimmt und uns doch immer fremd bleibt, das Leiden und die Trauer, unser Alltag, mit dem wir uns nie abfinden können, weil unsere Sehnsucht und unsere Träume in eine ganz andere, helle und glückliche Welt drängen. Zu dieser anderen Welt gehört u.a. das Wunder der Freundschaft, in der wir wahrhaft geborgen

und daheim sind und die deshalb, wie alle Lust, Ewigkeit verlangt: »Bleibe bei uns, denn es will Abend werden.« Was uns die Nacht des Lebens erträglich macht und was in der Vergänglichkeit des Irdischen bleibt, ist neben anderen Dingen die Freundschaft. Gleichsam als Ankündigung des Reiches Gottes.

NOVEMBER

1 Gott
Du kennst unsere Fragen
und auch unsere Leiden
Wir bitten dich:
Gib uns die Kraft, die vom Kreuz ausgeht
Glauben, Hoffnung, Liebe

2 Den entschwundenen Geist
holt der Mensch nicht zurück,
die weggenommene Seele
kann er nicht befreien.
Darum:
lösche den Geist nicht aus
in dir und in der Welt,
lass dir die Seele nicht nehmen,
und nimm sie
keinem Stein,
keiner Blume,
keinem Tier,
keinem Menschen
und keinem Engel.
Nach Weish 16,14/1 Thess 5,19

3 Nein, krank ist er nicht, mein Mitbruder. Zwar muss er wegen einer Knieoperation einige Monate an Krücken gehen, aber deswegen ist er doch nicht krank! Er kann natürlich schneller fallen als ein anderer, er ist gebrechlich, schwach und hinfällig, könnte man sagen.
Aber wenn man es so sagt, dann muss ich es natürlich auch von mir sagen: Ich trage keine Krücken, aber auch ich bin hinfällig, gebrechlich, schwach; ich kann in jedem Moment hinfallen. Die Hinfälligkeit, die Schwachheit, die Zerbrechlichkeit – das ist unser Wesen: Wir sind zerbrechliche und oft gebrochene, hinfällige und oft gefallene, sterbliche und schließlich tote Kreaturen. Die »Infirmitas«, die Unsicherheit, die Hinfälligkeit verbindet mich also nicht nur mit meinem Mitbruder mit den Krücken, sondern mit allen Menschen.

4 Windhauch,
Hauch, der verweht,
Wind, der verfliegt,
alles ist Windhauch!
Auch was der Mensch besitzt,
ist nichts,
nichts als Wind, der verweht:
dein Haus und dein Geld,
deine Gesundheit und dein Ansehen
– Wind, der verweht!
Doch:
Ein Fels, der bleibt,
ist die Liebe, die sich schenkt.
Nach Koh 1,2f

5 Wir leben oft so, als hätten wir keine Krücken nötig, als könnten wir uns selbst halten, als hätten wir auf ewig Bestand. Wir leben so, als könnte uns niemand etwas anhaben

und als könnte uns nichts erschüttern. Die meisten Menschen wohl leben in solchen Traumwelten.
Das Aufwachen kann jäh sein. Der Arzt sagt, dass man ernsthaft erkrankt sei und dass man nicht mehr lange zu leben habe – was dann? Man wird von einem Auto angefahren und bleibt gelähmt – was dann? Ein Freund stirbt – und schon stirbt man selbst. Man spürt, wie der Sog des Todes einen verschlingt, wie das Nichts von einem Besitz ergreift, wie einen alles nach unten zieht. Und dann singt man mit Hildegard Knef das deprimierende Lied: Von nun an ging's bergab! Oder man ahnt den Untergang der Welt, – und man sieht schon die drohenden Zeichen an der Wand – alles beginnt zu wanken: der Boden, auf dem ich gehe, der Himmel, der sich über mir wölbt, der Horizont, auf den ich zugehe, die Wand, an die ich mich lehne. Es ist mir wie dem Mann in Dürrenmatts berühmter Geschichte: Ich sitze im Zug und merke, er kommt gar nicht mehr aus dem Tunnel heraus, der Zug rast immer schneller dem Abgrund entgegen – was hält mich dann noch?

6 Gott sagt:
Stell dich auf deine Füße,
Mensch,
und bleib nicht liegen!
Streck dich zum Himmel hoch
und krieche nicht am Boden!
Hab einen geraden Rücken
und geh nicht mehr gekrümmt.
Denn du bist mein Partner
und ich will mit dir reden.
Nach Ez 2,1

7 Der Beter des Psalms 31 wirft sich in der Situation der existenziellen Erschütterung in Gott hinein. In Gott

selbst hinein, nicht einfach in etwas, was im hundertsten oder tausendsten Glied vielleicht – vielleicht! – mit ihm zu hat. Der Psalmist stürzt in das Geheimnis Gottes hinein, das lauter Gegenwart ist, lauter Beziehung. Herz, Antlitz, Person, ein Du, das uns umarmt. Glauben heißt: allein auf Gott zu bauen, sich einzig ihm anheimzugeben, seine Existenz in ihm zu gründen. Martin Buber übersetzt: sich in Gott sichern, an ihm sicher werden! Darum wird Gott immer wieder gepriesen als »Fels«, als »Burg«, als »Stab«. Die Sicherheit unseres Lebens kommt nicht aus uns, und nichts Innerweltliches, auch keine religiösen Kreaturen, kann uns sichern! Die Sicherung unseres Lebens liegt allein in Gottes Hand. Darum darf man sich in sie hinein bergen. Das ist die Glaubensgewissheit, die den Beter erfüllt.

8 Wie herrlich bist Du, Gott:
Ich bestaune
die Größe des Alls!
die Weite des Himmels!
die Milchstraßen!
die Lichtjahre!
die Geburt von Millionen von Sonnen
und die Schönheit ihrer Gräber!
die Sternbilder und die Lichter der Nacht!
– Und dann ich,
das Menschlein!
Wer bin ich,
dass Du mich anschaust?
Nach Ps 8,1–5

9 Als Christen dürfen wir es dem Psalmisten nachtun! Denn hier sehen wir ganz deutlich eine Gegenbewegung, die uns die Flucht sogar erspart. Franz von Assisi sagt einmal,

dass Gott im Menschen Jesus unsere »infirmitas« angenommen hat. Und wenn Gott, der Allmächtige, unsere Hinfälligkeit an sich nimmt, dann werden wir aufstehen, auferstehen, schon hier und jetzt und nicht mehr fallen können! Dann werden wir mit neuen Gefühlen und mit neuer Phantasie der Wirklichkeit ins Auge schauen. »Denn wer ist gegen uns, wenn Gott für uns ist?« (Röm 8,3ff).

10 Fürchte dich nicht:
Es gibt keine Verurteilung mehr,
vorausgesetzt,
Du hast dich fallen lassen
in die bedingungslose Liebe Christi.
Nun stehst du
unter dem Gesetz des Geistes
und des Lebens.
Du bist frei,
und niemand,
auch Gott nicht,
wird dich zum Tod verurteilen.
Nach Röm 8,1

11 In der Begegnung mit Jesus habe ich aufgehört, vollkommen sein zu müssen. Ich habe aufgehört, zu glauben, das Heil der Welt hänge von mir ab. Ich habe aufgehört, meine Schwächen und Grenzen zu verstecken. Mir ist dafür immer mehr aufgegangen, dass es eigentlich nur etwas gibt, was noch wichtig ist: mich loslassen – auf Jesus hin. In ihm wird deutlich, dass Gott nur eines ist: Opferlamm, Liebe, die sich hingibt, Liebe, die sich verausgabt, ein offenes Herz, offene Arme, eben: nichts als Liebe, nur Liebe. Was muss ich dann noch leisten? Was muss ich dann noch sein? Ich kann mich fallen lassen in die Liebe hinein, in eine Liebe,

die mir vorausliegt und die in mich eindringt und die mich dann vorwärtsdrängt. Nicht mehr ich bin es dann, sondern die umfassende und mir innewohnende Liebe ist es, die zum Zug kommen kann. Ich kann alles, was ich bin, in diese Liebe hineinwerfen – und fühle: Ich bin getragen.

12 Wer nur sich selbst
vor Augen hat
und sich einmauert
in ein ichbezogenes Leben,
wird nichts anderes erleben
als Tod.
Wer sich aber öffnet
und dem Geist Jesu folgt,
wird Leben und Frieden erleben.
Nach Röm 8,6

13 Wer nur sich selbst kennt
und bloß seinem ichbezogenen Streben folgt,
kann Gott nicht gefallen.
Ihr aber seid bestimmt
vom Heiligen Geist Jesu,
entflammt und angefeuert
vom Geist Gottes selbst.
Er wohnt in euch
und macht fähig,
eine neue Welt zu gestalten.
Nach Röm 8,8

14 Heute noch
und durch dich
sollen
Arme die gute Nachricht hören,

Gefangene entlassen werden,
Blinde neue Augen bekommen,
Zerschlagene frei sein
und alle Gnade erfahren
und aufatmen können.
Heute noch!
Nach Lk 4,17–21

15 Alles hat seine Stunde:
Lachen und Weinen,
Säen und Ernten,
Wachen und Schlafen,
Geben und Nehmen,
Reden und Schweigen.
Was also
hat jetzt seine Stunde?
Jetzt
in dieser Sekunde?
Nach Koh 3,1–8

16 Von der Hölle zu reden, ist aus der Mode gekommen. Gott sei Dank, möchte ich sagen. Denn nur allzu lange war die Höllenrede ein Mittel der Mächtigen. Untertanen konnten mit der Androhung der Hölle von Päpsten und Königen in die Schranken gewiesen werden, und Kinder konnten damit von Eltern, Pfarrern, Lehrern gefügig gemacht werden. Stundenlang konnten die Prediger die Qualen der Hölle genüsslich ausmalen, um die sogenannten Sünden der Menschen, aber auch das Aufbegehren der Armen und den Widerspruch der Unterdrückten in Grenzen zu halten. Es ist gut, dass diese Zeit vorbei ist.
Und doch frage ich mich: Wird nicht alles gleichgültig, wenn wir nicht mehr von Himmel und Hölle reden? Warum noch gut

sein wollen, wenn der Schurke am Ende nicht bestraft wird? Was zählt dann hier und jetzt, worauf kommt es an, wenn der Diktator, der Ausbeuter, der Mörder, der Kriegshetzer, der Folterer, der Menschenverächter, der Kriminelle mit Krawatte an den Bürotischen der Banken und Großkonzerne – wenn nicht jeder dieser Schurken vor ein Gericht gestellt wird, vor dem er sich rechtfertigen muss? Müssen wir nicht gerade um der Menschlichkeit des Menschen willen wieder lernen, von Gericht und Strafe, von Himmel und Hölle zu reden?

17 Die Bibel spricht um der Menschlichkeit des Menschen willen vom Gericht, vom ewigen Leben und von ewiger Strafe, so z. B. in Mt 25,31–46. Was aber auffällt: dieser Text beschreibt nicht die Qualen der Hölle und auch nicht die himmlischen Seligkeiten. Darüber wissen wir – wenn wir ehrlich sein wollen – nichts, darum sollten wir auch lieber schweigen. Er spricht nur vom Gericht, von der Scheidung der Schafe von den Böcken. Die Schafe – das sind jene, die Jesus gefolgt sind, dem Lamm, das zur Schlachtbank geführt wurde, weil es sich für die Armen, die Nackten, die Obdachlosen, die Gefangenen eingesetzt hat. Die Schafe – sie werden eingehen in das ewige Leben; die anderen, die Böcke, diejenigen also, die gegen die Option Jesu für die Armen gebockt haben, werden dafür die Strafe ernten.
Nochmals: Um der Menschlichkeit des Menschen willen spricht die Bibel vom Gericht, vom ewigen Leben und von ewiger Strafe. Es geht um das Hier und Jetzt, um Menschlichkeit für alle, gerade auch für die Benachteiligten, es geht um die Menschlichkeit in der Wirtschaft, in der Politik, in allen Bereichen der Gesellschaft, es geht um Menschlichkeit für jeden Einzelnen und alle zusammen.

18 Nicht nur
leere Worte sollst du machen,
sondern durch leibhafte Nähe bezeugen:
dass die Armen aufrecht gehen
und stolz sein dürfen,
dass die Hungrigen genug auf dem Tisch haben
und jene, die weinen, lachen können.
Denn sie sind die Lieblinge Gottes,
und nur,
wer sich auf die Seite der Armen schlägt,
ist auf der Seite Gottes.
Nach Lk 6,20f

19 Wenn ich mir die Art und Weise vor Augen führe, wie man heute in der Wirtschaft und Politik mit den Menschen umgeht, dann ergreift mich großer Zorn – angesichts der offensichtlichen Lüge, die das ganze ökonomische Gebaren durchzieht. (...) Die Rede vom Gericht ist auch bei Jesus aus Zorn und Leidenschaft geboren. Sie ist eine notwendige Konsequenz seiner Leidenschaft für die Armen. Die Gerechtigkeitsrede Jesu ist eine theologisch notwendige Rede. Denn wenn Gott sich mit den Benachteiligten der Gesellschaft identifiziert, dann entscheidet sich der Mensch für oder gegen Gott, wann immer er sich für oder gegen die Armen entscheidet.

20 In reichem, vollem,
gehäuftem, ja überfließendem Maß
wirst du beschenkt werden,
wenn du reich bist im Schenken,
und mit vollen Händen gibst,
wenn du die anderen überhäufst
mit Segen

und wenn dein Herz überfließt
von Güte.
Nach Lk 6,38

21 Wer Hunger hat, soll genügend Brot haben, und wer Durst hat, soll seinen Durst löschen können – das sollte bei der vorhandenen Überproduktion zum mindesten in unseren Gegenden möglich sein. Es geht darum, dass wir den Kuchen gerecht verteilen, bei uns und in der ganzen Welt. Wer sein Brot nicht teilt, muss wissen, dass er damit Gott leugnet – mag er noch so viel beten oder von Gott reden. Er ist ein praktischer Atheist, er widerspricht Gott, der ein Gott der Hungernden ist: In jedem, der uns die Hand entgegenstreckt, ist Gott gegenwärtig. Was jemand dem Armen verweigert, verweigert er Gott. Er wird am Ende zu den Böcken gezählt werden, weil er gebockt hat gegen einen Gott, der sich mit den Hungernden identifiziert. Aber auch das andere gilt: »Wenn das Brot, das wir teilen, als Rose erblüht, dann hat Gott unter uns schon sein Haus gebaut, dann wohnt er schon in unserer Welt. Ja, dann schauen wir heut schon sein Angesicht, in der Liebe, die alles umfängt.« Und es kommt wohlverstanden gar nicht auf die religiösen Gefühle an, nicht auf die Zeiten, die wir in Kirchen, Pagoden, Synagogen und Tempeln oder bloß in der stillen Ecke zu Hause verbringen, nicht auf die Meditationszeiten und Gebetsworte – wo wichtig das alles für unsere Seelenkultur sein mag, entscheidend ist das alles nicht, entscheidend ist einzig und allein, ob wir unser Brot teilen. Religiös, mit Gott verbunden im Sinne Jesu, sind allein jene, die ihr Brot teilen.

22 Heb' du
die Distanz auf,
die sich auftut

zwischen dir und dem Menschen.
Neige du
dich dem zu, der dich braucht.
Du musst dich
zum Nächsten machen.
Nähe ist alles.
Nach Lk 10,36

23 Wer fremd oder obdachlos ist, soll aufgenommen werden – das steht so klar und eindeutig da, dass es unverständlich ist, warum Christen eine so rigorose Abschiebungspraxis unterstützen können, wie sie in allen unseren Ländern üblich ist. Psychologisch mag man die Ängste verstehen, die einen von einer anderen Hautfarbe, anderen Kleidern, anderen Sitten und Gebräuchen, von fremden Menschen und Völkern entgegenkommen. Jedes Mal ist man verunsichert, herausgefordert, in seiner Identität in Frage gestellt. Die biblische Tradition behauptet dagegen, dass die Begegnung mit dem Fremden die größte Chance bedeutet. Von Abraham bis zu den Emmausjüngern und dem Gärtner am Ostermorgen gibt es eine durchgängige Aussagelinie: Der Fremde – das ist Gott, der uns begegnet.

24 Lass' Gott zur Geltung kommen
in deinem Herzen und in deiner Seele,
in deinen Händen und in deinen Füßen.
Gott ist Tat, Praxis, Beziehung.
Er will sich zeigen in dem, was du tust.
Nach Lk 11,2

25 Wer nackt ist, soll ein Kleid haben. Damit können wir vielleicht am wenigsten anfangen. Denn nackt muss ja niemand mehr herumlaufen. »Kleider machen

Leute«, sagen wir und sagen auf diese Weise, dass es letztlich um die Würde des Menschen geht. Und wir reden von »Bloßstellen, von »mit heruntergelassenen Hosen dastehen«, von »mit den Augen ausziehen«. Immer geht es darum, dass man einem anderen die Würde nimmt. So oder so: Es geht um die Würde. Der nackte Jesus am Kreuz – das sagt uns: Gott hat sich auf die Seite der Entwürdigten geschlagen. Wer einen Menschen entwürdigt, entwürdigt Gott; wer einem Menschen die Würde gibt, der anerkennt Gott – so simpel stellt das die Bibel dar.

26 Wer krank ist, soll lebendige Annahme erfahren. Wenn wir die Sparpolitik nicht auf den Boden der Wahrheit stellen, sondern den handfesten Interessen der Geldgierigen überlassen, dann gehen wir schrecklichen Zeiten entgegen. Vor einiger Zeit war im britischen Fernsehen eine Sendung zu sehen, welche die Bevölkerung darauf vorbereiten sollte. Bereits heute soll es in der Schweiz keine Dialyse für Menschen über sechzig geben – man lässt sie sterben, außer sie bezahlen selbst. Und auch in Deutschland gibt es Pläne, Heftpflaster, Ergänzungskuren, Bypass-Operationen, Organtransplantationen und Krebstherapien aus dem Leistungskatalog der Krankenkassen zu streichen. Eine Krankenbetreuung also nur noch für jene, die das Nötige Geld haben! (...) Was für eine materielle Welt! Gott, sagt die Bibel dagegen, identifiziert sich mit dem Kranken, ob er jung ist oder alt, arm oder reich. (...) Es kommt gar nicht auf mystische Erfahrungen an, nicht auf außergewöhnliche Gotteserfahrungen und sonstige religiöse Erlebnisse, so wichtig das für den Tiefgang unseres Glaubens sein kann und so gewichtig für Gottesdienst und Verkündigung, entscheidend ist das nicht, entscheidend ist einzig und allein, ob wir Kranke

besuchen, ihnen Zärtlichkeit und Trost spenden und ihnen das geben, was ihr Geist, ihre Seele und ihr Leib brauchen.

27 Einander
nichts schuldig bleiben!
Vielmehr
einander vergeben
und neue Anfänge gewähren,
die Hand hinstrecken
für neues Beginnen.
Gott
bleibt uns nichts schuldig:
Er ist
ein überfließender Brunnen der Liebe,
und er vergibt,
was wir ihm schuldig geblieben sind.
Nach Lk 11,4

28 Wer im Gefängnis ist, soll nicht vereinsamen. Ob schuldig oder nichtschuldig, das ist hier gar nicht die Frage! Seit Jesus den Gefangenen und Verurteilten zum Verwechseln ähnlich geworden ist, stellt sich die Fragen anders: Wie können wir ihnen unsere Teilnahme schenken? Auch sie verdienen unsere anhaltende Solidarität. Der Christ darf sich nicht mit Fragen des Strafvollzugs allein begnügen: Todesstrafe – ja oder nein! Gerechtigkeit über alles! Soziale Reintegration – in welchem Maße? Isolationshaft – menschenwürdig oder nicht? Der Christ muss weit darüber hinaus gehen: Das Band der Zusammengehörigkeit und Anteilnahme muss enger geknüpft werden. Liebe, Gnade, Barmherzigkeit und Güte müssen überall Werte des Zusammenlebens einer Gesellschaft werden. Wer Schuldiggewordene ins Abseits drängt, verdammt auch Gott in die äußerste

Finsternis. Wer sich den Gefangenen verschließt, verschließt sich Gott gegenüber.

29 So spielt Jesus also die sogenannten Werke der Barmherzigkeit durch, die zum frommen Juden und darauf aufbauend auch zum frommen Christen gehören. Entscheidend ist die Tat der Liebe, nicht das fromme Wort, entscheidend ist nicht einmal das religiöse Bewusstsein oder der Gottesglaube, sondern nur und ausschließlich die Tat der Liebe. Anders gesagt: Es geht um Menschlichkeit, um nichts anderes, letztlich geht es nicht einmal um Religion.
Religion ist Dreingabe, ist Überfluss, Religion wird erst eigentlich bedeutsam, wenn die Menschlichkeit die Basis ist.

30 Gott spricht:
Ich bin ein Gott des Lebens,
ich führe zum Leben.
Wie ein guter Hirt
führe ich auf gute, fette Weide.
Ich will,
dass dein Leben behütet ist
und groß wird.
So hüte auch du
das Leben
und schaffe ihm Raum.
Nach Ez 34,13ff

DEZEMBER

1 Das Volk,
das im Dunkel lebt,
sieht ein helles Licht;
über denen, die im Land der Finsternis wohnen,
strahlt ein Licht auf.
So schau ins Licht
und bringe Licht
allen, die sich sehnen.
Nach Jes 9,1

2 Jetzt tönt es wieder aus allen Lautsprechern: »Stille Nacht«, in allen Kaufhäusern, schon Wochen vor dem Fest! Der Advent ist zu einem lang andauernden Weihnachten geworden. Der Advent selbst ist fast überall gestorben.
Advent ist etwas anderes als Weihnachten. Sollte es sein! Advent ist eine Zeit der Sehnsucht, nicht der Erfüllung; eine Zeit des Wartens, nicht der Begegnung; Erfahrung der Unerlöstheit, nicht der Freiheit; ein Schreien, nicht ein Jubelgesang. Advent will uns die Wirklichkeit zu Bewusstsein bringen, nicht eine heile Welt vorgaukeln. Wie ist, so müssen wir besonders im Advent fragen, diese Wirklichkeit? In welcher Welt leben wir denn eigentlich?

3 Gott spricht:
Eure Feste,
euern Advent und eure Weihnacht
ertrage ich nicht!
Sie sind mir in der Seele verhasst,
sie sind mir zur Last geworden,
ich bin es müde,
jedes Jahr das Gleiche zu ertragen.
Nähe will ich –
und Liebe –
und Gerechtigkeit.
Dies sei dir Advent
und Weihnacht
und Fest!
Nach Jes 1,14

4 Euer Land ist verödet,
eure Städte sind tot.
Neue Gedanken sind nötig,
neue Gefühle, neue Taten:
Wählt doch das Leben!
Nach Jes 1,7

5 Krieg, Not, Elend! Was können wir schon tun? Dazu Aids, Krebs, viel Krankheit und Tod. Hilflos stehen wir daneben. Und der dumme, hemdsärmelige Nationalismus, der laut schreit und die Fäuste gegen die anderen schleudert. Und Ausländer tötet. Und wir können nichts tun.
Dann die bösen Aussichten: Überbevölkerung, Klimakatastrophe, Arbeitslosigkeit ... Wir können nichts machen oder kaum etwas! Wir fühlen uns hilflos, ohnmächtig, gefangen. Unsere Wirklichkeit ist zum Gefängnis geworden, aus dem wir mit eigenen Kräften nicht ausbrechen können.

Und so gibt es auch noch andere Adventssymbole als Kranz, Kerze und Wurzel. Nämlich die verschlossene Tür und wir dahinter, die hinaus wollen, die frei sein wollen, die ein erfülltes Leben haben möchten und Friede und Gerechtigkeit für die ganze Welt.

6 Geliebte Stadt, Tochter Gottes,
verlassen stehst du da
wie eine Hütte im Weinberg.
Nur eine Wächterhütte im Gurkenfeld
bleibt übrig von dir!
Doch:
Gerettet wirst du,
wenn du wieder erfüllt bist
von der Liebe zum Leben.
Denn Liebe ist Leben
und Leben ist Liebe!
Nach Jes 1,8

7 Nochmals: Wir sind ohnmächtig, können nichts tun, sind gefesselt, in Ketten gebunden. Da will kein Säuseln über die Lippen kommen, sondern ein Schrei! Die eigentlichen Adventslieder sind denn auch oft ein einziger Schrei.
O Heiland, reiß die Himmel auf.
Brich Schloss und Riegel, tritt hervor.
Den Tau vom Himmel gieß.
Ihr Wolken, brecht und regnet aus den Heiland.
Hier leiden wir die größte Not,
ach, komm, führ uns mit starker Hand
vom Elend zu dem Vaterland.
O Heiland, reiß die Himmel auf.
Brich Schloss und Riegel, tritt hervor.

8 Der Mensch wandert umher,
verdrossen und hungrig.
Er blickt nach oben
und blickt zur Erde:
Überall nur Not,
nur Finsternis,
nur beängstigendes Dunkel.
Doch die Finsternis wird verscheucht:
Wer jetzt in Not ist,
bleibt nicht im Dunkel.
Nach Jes 8,21ff

9 Wo immer wir hinschauen, trifft unser Auge auf Vorläufiges. Auch die Kirche ist eine vorläufige Größe. Sie ist ein Weg, nicht das Ziel! Ein Weg, der oft steinig ist und manchmal auch verbarrikadiert. Darum muss sie als Ganzes – und in ihr jeder Einzelne – in der Erwartung leben, im Advent. Der Advent ist der eigentliche Ort der Kirche, die Erwartung die eigentliche Grundhaltung des Glaubens.

10 Am Tag, an dem Gott kommt,
wird das Leben wieder
sprossen und keimen,
es wird drängen und treiben,
fruchten und blühen:
eine Zierde und Ehre wird es sein
für dich,
wenn du an Gott glaubst.
Nach Jes 4,2

11 Es ist eine Notwendigkeit, ein inneres Gesetz der Kirche, dass sie über sich hinauswachsen muss. Der eigentliche Ort, an dem das geschieht, ist die Kontemplation.

Advent und christliche Erwartung haben also nichts zu tun mit stillstehen, sitzen und mit verschränkten Armen zusehen, wie die Dinge vorbeirollen. Erwartung ist höchste Aktivität, Advent ganzheitliches Engagement.

12 Gott spricht:
Bringt mir nicht länger sinnlose Gaben,
ich will keine Opfer:
keine Blutopfer, keine Geldopfer,
– keine Messopfer!
Bringt mir
ein Herz,
das offen ist für die Fremden,
Hände,
die schenken,
Füße,
die sich wund laufen für den Frieden!
Nach Jes 1,13

13 Am Tag, an dem Gott kommt,
wird das Leben wieder
sprossen und keimen,
es wird drängen und treiben,
fruchten und blühen:
eine Zierde und Ehre wird es sein
für dich,
wenn du an Gott glaubst.
Nach Jes 4,2

14 Glauben? Was heißt glauben? Beim Lesen der Bibelübersetzung des großen jüdischen Gelehrten Martin Buber ist mir aufgefallen, dass er dort, wo wir »glauben« sagen, »sicher werden an Gott« einsetzt.

Sicher werden an Gott! Glauben hat also etwas zu tun mit dem Sicherheitsbedürfnis des Menschen. Wir sind von Grund auf gefährdet, bedroht. Wir können das Leben verlieren und alles, was auf uns einstürmt, verlangt von uns, dass wir uns abschirmen, verteidigen, schützen. Doch, so will es die biblische Tradition, unser Sicherheitsbedürfnis wird letztlich nur von Gott befriedigt. Alles andere ist trügerisch, kann fehlgehen. Das heißt nicht, dass wir nicht entsprechende Maßnahmen treffen sollen, sondern dass wir diese relativieren, von Gott her noch einmal befragen sollen.

15 Gott
Obdach und Burg
Gib
dass wir uns loslassen
dass wir uns dir anheimgeben
dass wir bei dir Schutz haben
und geborgen sind

16 Ich sehe mit Angst auf die Ausweglosigkeit, in der die ganze Welt sich befindet: Das Ozonloch wird immer größer, die Wälder werden immer kränker, das Elend ganzer Kontinente immer unerträglicher, wir müssen durch eine große Nacht. Und ich möchte für unsere Welt ein Licht anzünden.
Was das soll, werden viele fragen. Ich tue das, weil ich mich nicht zufriedengebe mit dem, was uns allen ins Auge springt. Die Wirklichkeit ist größer und weiter, als wir oft meinen. Und wenn ich eine Kerze anzünde, dann sprenge ich die Grenzen der Wirklichkeit.

17 Die Welt, in der wir leben, ist aus einem Lichtblitz entstanden, und sie besteht heute noch zum weitaus

größten Teil aus Strahlung, aus Licht. Die Sonne macht unsere Tage hell, die Sterne leuchten am Himmel, und auch die Erde erscheint für die Weltraumfahrer wie eine Lichtkugel. »Die Mitte aller Mitten ist das Licht«, sagt darum der Astronom Bulander, der zum Maler wurde.

Es hat also Sinn, in dieser Zeit Kerzen anzuzünden. Wir bringen auf diese Weise das Licht zur Geltung, das noch viel mehr zu der Wirklichkeit gehört, die wir sehen, als das Dunkle. Wir bleiben nicht einfach in den tausend Nächten gefangen, die es auch gibt, wir üben uns ein in die Welt des Lichtes.

18 Man kann auf ganz verschiedene Weise das Licht zur Geltung bringen: das Symbol, eben eine Kerze anzünden, ist die eine Weise. Aber auch jedes gute Wort, das ich einem Menschen sage, jede Hand, die ich jemandem auf die Schulter lege, jede Kritik, die ich übe an der Welt, an der Kirche, an der Gesellschaft, wie sie nun einmal sind, jedes Engagement für Frieden, Gerechtigkeit und Bewahrung der Schöpfung bringt das Licht zur Geltung.

19 Noch etwas ergibt sich aus einem solchen Verständnis von Wirklichkeit: Ich darf nicht vorschnell sagen: Dies oder das sei unmöglich. Wenn das Licht der weitaus größte Anteil der Wirklichkeit ist, dann gibt es auch viel mehr Möglichkeiten. Ich kann träumen, hoffen, mich sehnen, die Phantasie beflügeln und plötzlich neue Möglichkeiten sehen: Lösungen, Auswege, Taten. Wir können die Wirklichkeit aufdecken, das Licht zur Geltung bringen. Denn: »Die Mitte aller Mitten ist das Licht!«

20 Mit der heilen Welt ist nichts! Zu viel Tod, Schmerz, Angst und Weinen!

Und doch will jeder eine bessere Welt.

Und niemand ist, der nicht wartet auf den Tag,
da jede Träne abgewischt
und alle Knechtschaft weggefegt wird,
da er innerlich zufrieden, glücklich,
froh und frei leben kann,
da niemand mehr leiden und sterben muss
und keiner mehr bangt um sein Glück,
da die ganze Welt voll Lachen ist und voll Licht.

21 Für Christen hat das alles einen Namen
und ein Gesicht:
Jesus von Nazaret.
Letztlich warten wir auf ihn.
Wir warten das ganze Jahr,
besonders aber in der Zeit des Advents.
Wir haben diese Zeit nötig,
weil wir uns verlieren könnten im Unwesentlichen, Oberflächlichen, Momentanen,
in Hetze, Aktivismus und Zerstreuung.
Darum gehen wir von Zeit zu Zeit Wege,
die nach innen führen und zum Wesentlichen.

22 Gott spricht:
Lernt Gutes tun!
Sorgt für das Recht!
Helft den Unterdrückten!
Verschafft den Waisen Recht,
tretet ein für die Witwen!
Schont die Erde, die ich geschaffen! –
Dann bin ich da
in euren Gebeten
und in euren Taten.
Nach Jes 1,17

23 Um die Weihnachtsgeschichte wirklich zu begreifen, müssten wir erzählen von den vielen Jugendlichen, die in Telefonkabinen, in Bahnhofsunterführungen übernachten müssen, von den vielen Tausend, die in Asylantenheimen und Auffangzentren zusammengedrängt sind, von den Millionen von Menschen, die in der ganzen Welt ohne Obdach und Heimat leben.
Die Weihnachtsgeschichte selbst gibt aus sich heraus nichts Göttliches her, sie enthält die Deutung nicht aus sich selbst heraus, sie wird zusätzlich und nachher von Engeln gedeutet, Gott selbst muss uns die Weihnachtsgeschichte deuten. Die Hirten bekommen durch die Engel eine neue Perspektive, sie werden in die Lage versetzt, die harte Geschichte unserer Welt mit den Augen Gottes anzuschauen: Diese harte Wirklichkeit ist Gottes Geschichte und er selber mittendrin, nicht draußen, er selbst ist auf der Seite der Opfer, der Ausgestoßenen. Und darum muss man ihn nicht über den Wolken, sondern im Stall suchen, nicht in der Höhe des Himmels, sondern im mühevollen Alltag des menschlichen Lebens.

24 »Mach's wie Gott und werde Mensch!« Das ist die unüberhörbare Botschaft der Heiligen Nacht. Wir sollen Menschen werden, wirkliche Menschen mit allem, was zum Menschsein gehört. Gott selbst wollte es werden, ist es wirklich geworden. Mit diesem Kind in der Krippe, in dieser heiligen, stillen Nacht.
Ja, der Mensch ist die zweite Heimat Gottes. Die erste Heimat Gottes ist der Himmel. Doch der Himmel war ihm nicht genug. Gott wanderte aus, er wählte eine zweite Heimat: eben unsere Erde, unser menschliches Leben, damit der Himmel auf Erden möglich wird.

25 *Weihnachten beten*
Wie der heilige Franz
an der Krippe
knien
und nur noch eines
sehen
das Kind und das Leben

Wie Ochs und Esel
an der Krippe
stehen
und nur noch eines
fühlen
das Kind und das Leben

Wie die heilige Maria
an der Krippe
liegen
und nur noch eines
gebären
das Kind und das Leben

Wie der heilige Josef
an der Krippe
sitzen
und nur noch von einem
träumen
vom Kind und vom Leben

26 Wir erzählen die Weihnachtsgeschichte mit der Deutung, welche die Hirten empfangen haben: Das Kind in der Krippe ist der Sohn Gottes – wer ihm etwas antut, trifft damit Gott selbst; im Asylantenheim von Steinhausen

wohnt der Immanuel, wer es überfällt, der schlägt Gott; die getöteten Türkenkinder von Mölln stehen mit Gott in einem so unmittelbaren Verhältnis, dass Gott selbst stirbt; das brennende Wohnheim für Asylanten ist der brennende Tempel Gottes selbst. Das ist also die Deutung, welche der Glaube der Wirklichkeit gibt.

27 Wenn wir die alltäglichen Geschichten aus der Perspektive der Engel sehen und unter der Voraussetzung der Hirten erzählen, dann kommt etwas in Bewegung, dann verändert sich die Wirklichkeit, dann können wir nicht mehr apathisch abseits stehen, dann müssen wir entsprechend handeln, dann kommt wirklich eine ganz andere Welt in Sicht, die Welt Gottes selbst – dann bricht das Geheimnis Gottes auf inmitten unseres Alltags, dann spüren wir, dass das Kind in der Krippe tatsächlich die Rettung ist, Friede für alle Menschen und der wahre Gottesdienst.

28 Weihnachten will zum Leben ermutigen. Wir feiern ja die Geburt, nicht den Tod eines Menschen. Wir sollen ja beglückt werden durch das neue Leben, das sich in Jesus von Nazaret kundtut. Seine Worte und Taten wollen Leben wecken und Leben erhalten. Darum glauben wir, dass das Kind in der Krippe der Immanuel ist, das heißt übersetzt »Gott ist mit uns« (Mt 1,23). Auch der eigentliche Name des Kindes, Jesus, meint nichts anderes: Gott rettet.

29 Wir sollten uns den beiden Namen »Jesus« und »Immanuel« ein wenig aussetzen. Sie enthalten einerseits eine Provokation, eine Behauptung, die der moderne Mensch nicht einfach annehmen will: Gott ist mit uns, Gott rettet – und zwar durch Jesus von Nazaret. Wir können das nicht beweisen, ich will darum auch keinen Versuch machen.

Aber: Wer es riskiert, sich auf Jesus einzulassen, wer das Leben mit ihm wagt, wird bald einmal am eigenen Leib erfahren, dass Gott die Rettung ist, und vor allem, dass er auf der Seite des Menschen steht.

30 Irgendwie sehnen wir uns alle nach dem Wunder. Und doch geschieht es nicht. Statt dessen bleiben die Katastrophen nicht aus, auch an Weihnachten nicht. Und die Kinder verhungern, auch an Weihnachten. Und Terror und Krieg dauern an – trotz des Liedes vom Frieden, das die Engel über der Krippe singen.
Ist es vielleicht deswegen, weil wir das Wunder auf der Linie von Macht und Herrlichkeit, von Größe und Kraft erwarten? Sehen wir vielleicht einfach in die falsche Richtung? Ist Gott vielleicht so radikal anders, dass wir es nicht begreifen, bis heute nicht begriffen haben?
Wenn Gott sich offenbart, dann sagt er nicht ein paar Sätze über sich, er verkündet nicht ein Lehrsystem, keine Theorie, keine neue Wissenschaft – er zeigt ein neues Verhalten, er zeigt sich einfach als ein Kind.

31 Gott tut das, was Jesus später lehrt: Wenn ihr nicht werdet wie ein Kind, könnt ihr nicht in das Himmelreich eingehen.
Gott wird ein Kind. Er ist auf der Seite der Kleinen, der Verstoßenen und Verachteten, der Partner der Armen und Ausgesperrten, der Manipulierten und Verfolgten, der Leidenden und der Sterbenden. Er liegt in der Krippe.
Er ist aber auch auf der Seite des Lebens, der Liebe, der Zärtlichkeit, des Gefühls.

Jeden Tag Lebenskunst

Anselm Grün
Jeden Tag leben
Täglich ein Text
Neuausgabe

Format 12 x 19 cm
136 Seiten
Hardcover, mit Leseband
ISBN 978-3-7867-2612-8

Viele Menschen suchen Ruhe und Gelassenheit im oft hektischen Alltag. Anselm Grün versteht es wie kaum ein anderer, eine Tür zu Orten der Stille zu öffnen und den Menschen Wege zu zeigen, wie sie in Freiheit und Einklang mit sich selbst leben können. Wer sich von den täglichen Gedanken dieses spirituellen Begleiters anregen lässt, wird in seinen heilenden Worten Ermutigung und neue Kraft für den Alltag finden. Texte für jeden Tag des Jahres von einem der meistgelesenen spirituellen Autoren der Gegenwart.

Matthias-Grünewald-Verlag
der Schwabenverlag AG
www.gruenewaldverlag.de

Jeden Tag Lebensweisheit

Romano Guardini
Lesebuch der Lebensweisheit
Täglich ein Text
Mit einer Einführung
von Franz Henrich
Auswahl der Texte: Jakob Laubach
Neuausgabe

Format 12 x 19 cm
112 Seiten
Hardcover, mit Leseband
ISBN 978-3-7867-2613-5

Romano Guardini hat mit seinen wegweisenden Werken ganze Generationen von Christen geprägt. Wer sich von diesem spirituellen Begleiter durch das Jahr anregen lässt, findet darin den Geist und die Weite eines großen Denkers des 20. Jahrhunderts wieder, der sich immer aufs Neue auf die Suche nach tragfähigen Antworten auf die großen Fragen des Lebens begeben hat. Das macht seine Worte so glaubwürdig und die Sammlung zu einem einzigartigen Lesebuch der Lebensweisheit.

Matthias-Grünewald-Verlag
der Schwabenverlag AG
www.gruenewaldverlag.de